Susanne Göhlich wurde in Jena geboren. Schon während ihres Studiums der Kunstgeschichte mit Nebenfach Psychologie in Leipzig gestaltete sie Plakate und zeichnete selbst erdachte Geschichten. Heute bebildert Susanne Göhlich erzählende Kinderbücher und zeichnet für verschiedene Magazine. Immer häufiger schreibt und illustriert sie auch eigene Bilderbücher. „Was ist ein Mensch?" ist ihr erstes Sachbuch, das sie auch selbst geschrieben hat. Sie lebt mit ihrer Familie, leider ohne Hamster, in Leipzig.

Ein Dankeschön für die hellsichtige und unterstützende Kritik bei den psychologischen Themen geht an Rieke Patwardhan. Die Betreuung im medizinischen Bereich hat meine Hamsterfreundin Taja Harnisch mit ihrem präzisen Blick und ihren hilfreichen Vorschlägen dazu übernommen. Und ohne meine Lektorin und Menschenfreundin Cordula Thörner wäre das Projekt niemals Wirklichkeit geworden. Lieben Dank auch an Anje Volber für die Tag- und Nachtbereitschaft in Sachen Layout.

Text und Illustrationen: Susanne Göhlich
Lektorat: Cordula Thörner
Layout und Satz: Anje Volber
Produktionsmanagement: Anja Bergmann

ISBN: 978-3-551-25494-8

Unser Versprechen für mehr Nachhaltigkeit
• Klimaneutrales Produkt
• Papiere aus nachhaltiger Waldwirtschaft
• Hergestellt in Europa

FSC www.fsc.org
MIX
Papier | Fördert gute Waldnutzung
FSC® C002795

SUSANNE GÖHLICH

Ein Hamster fragt nach:

Was ist ein Mensch?

FRAG

Vorsichtig beha
und nicht we

CARLSEN

Klein, stellt aber
große Fragen

Seite

Leopoldi
FRAGILE
Vorsichtig behandeln
und nicht werfen!

Hallo, ich bin Poldi,

ein Goldhamster.

Ich wohne in einer Zweier-WG mit Maya. Sie ist ein echter Mensch. Eine Art Tier also, nur mit aufrechtem Gang und überaus klugem Gehirn. Und das brauchen Menschen auch, um sich in ihrer Umwelt zurechtzufinden. Ihre Nase ist ja im Vergleich zu einer Hamsternase etwas dürftig ausgestattet. Und besonders flink sind sie auch nicht. Das müssen sie mit anderen Fähigkeiten wettmachen.

Da ich zu einer beliebten Haustierart gehöre, interessiere ich mich für Menschen und Maya erklärt mir viel darüber. Dabei benutzt sie oft sehr schöne Wörter, die Fremdwörter. Fremdwörter klingen wie leise säuselnde Musik in meinen Ohren, weshalb ich einige davon hinten im Buch zusammengehamstert und erklärt habe. Und es sind wirklich viele, die sie kennt und mit mir teilt.

Die allermeisten Vorgänge im Körper haben mit dem Gehirn zu tun. Es stellt besonders über die Sinne Tasten, Sehen, Hören, Riechen und Schmecken Kontakt zur Umwelt her. Aber auch Körperwahrnehmung und Gefühle spielen eine große Rolle. So erlebt sich jeder Mensch immer im Austausch mit anderen Lebewesen.

Ein paar Dinge vorab:

hundert Milliarden
= 100 000 000 000

Das Gehirn ist die Schaltstelle, die alle Vorgänge im Körper steuert. Es wiegt zwischen einem und eineinhalb Kilogramm und besteht aus etwa hundert Milliarden Nervenzellen, die miteinander verknüpft sind. Sie nehmen Reize im Körper und von außen auf.

Das Gehirn ist sehr gierig nach Nährstoffen, weil es von allen Organen im Körper am meisten Energie benötigt. Es besteht zum größten Teil aus Fett. Das Fett ist wichtig für den schnellen Austausch zwischen den Nervenzellen.

Es gibt übrigens zwei Gehirnhälften. Und dass Menschen in der Nacht schlafen, dass sie sich verlieben, dass sie Spaß daran haben, Bilder zu malen – das alles hat mit dem Gehirn zu tun. Warum eigentlich?

Die wellige Oberfläche der Walnuss erinnert an ein Gehirn.

Die Hirnrinde sieht von außen wellig und faltig aus.

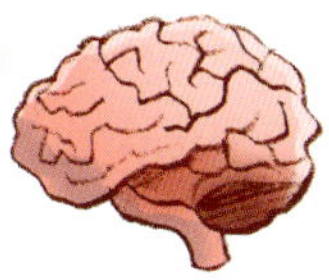

Das Gehirn hat etwa die Größe eines Kohlkopfs.

Das Gehirn besteht aus zwei Arten von Gewebe, der grauen und der weißen Substanz. Das Gewebe wirkt zartrosa, weil es durchblutet ist.

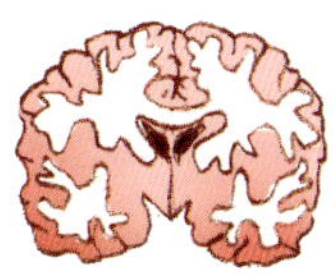

Gehirn-Querschnitt

Das Gehirn ist eine weiche, fast glibberige Masse.

Wackelpudding

Steckbrief: Poldi

Ordnung: Nagetiere (mit Unterordnung Mäuseverwandte)
Familie: Wühler (mit Unterfamilie Hamster)
Gattung: Mittelhamster, Syrischer Goldhamster
Art: an Land lebendes Säugetier = Wirbeltier mit Haaren und fast immer vier Beinen
Lebensweise: Einzelgänger (aber gern mit Maya zusammen)

Ernährung: frische Kräuter, Getreide, Obst, Sämereien und Insekten, sammelt oft Futter in den Backentaschen, um es in seinen Bau zu tragen. Leibspeise: Mehlwürmer und Rosinen

Goldbraunes Fell, spitze Schnauze, Kulleraugen	Gegenüber Maya friedlich, selten launisch, ganz selten mal eingeschnappt
Kann nicht sehr gut sehen, die Schnurrhaare dienen als Tastsinn der Orientierung	Sehr guter Geruchssinn, damit erkennt er Maya von Weitem, lange bevor er sie sieht, deshalb empfindlich gegen starke Gerüche
Ausgeprägter Buddelzwang und Fragen-stell-Zwang	Wird 2 bis 4 Jahre alt
Braucht viel Ruhe, hasst laute Geräusche und Stress	Sehr sportlich, rennt jeden Tag etwa 20 Kilometer im Laufrad (20.000 Umdrehungen)
Anzahl der Nervenzellen unbekannt	Mag keine Langeweile
Verteidigt sein Revier gegenüber Fremden	Hobby: Heu- und Sandbaden zur Fellpflege

Steckbrief: Maya

Ordnung: Primaten
Familie: Menschenaffen
Gattung: Kluger Mensch (Homo sapiens)
Art: an Land lebendes Säugetier = Wirbeltier mit Haaren und fast immer vier Beinen
Lebensweise: in Gemeinschaft

Ernährung: Allesfresser wie Obst, Gemüse, Getreide, Milchprodukte, Fisch und Fleisch, also fast alles, außer Mehlwürmern und Rosinen

Rotgoldene Haare, Stupsnase, Kulleraugen

Sehr friedlich und lieb

Sieht alles, guter Sehsinn

Hat keinen so guten Geruchssinn wie ein Hamster, okay!

Ausgeprägter Erklärzwang

Wird bis zu 90 Jahre alt

Liebt Musik, manchmal auch laut

Sportlich, legt am Tag etwa 10 Kilometer zurück und macht Yoga

Ungefähr 100 Milliarden Nervenzellen

Hat nie Langeweile

Lässt auch andere ins eigene Revier, z. B. ihren Freund Bert

Hobby: Lesen, Tanzen Hamster

Das Gehirn schläft nie, braucht aber den Schlaf

Eines schönen (viel zu frühen) Morgens:

„Hallo, hier bin ich!", ruft Poldi und hüpft dabei von einem Bein auf das andere.

„Aufgewacht!" Poldis Geduld ist aufgebraucht.

„Zeit zum Aufsteeeehen!", ruft er. „Warum musst du immer so lange schlafen?", schnaubt er verärgert. Maya seufzt.

„Der Körper braucht nun mal ausreichend Schlaf. Vor allem mein Gehirn!", brummelt sie und rollt sich auf die andere Seite. Poldi setzt seinen unschuldigsten Blick auf. Das ist seine Chance:

„Und waaarum?", flötet er Maya sanft ins Ohr.

Dazu muss man wissen: „Etwas erklären" ist Mayas absolute Lieblingsbeschäftigung. Sie kann einfach nicht anders – sie muss ihr Wissen mitteilen. Es sprudelt bei jeder Gelegenhei aus ihr heraus, wie Lava aus einem Vulkan.

„A l s o ... das ist so: Das Gehirn braucht Schlaf, um die Eindrücke vom Tag zu verarbeiten", erklärt sie mit geschlossenen Augen. „Das passiert ganz besonders in einer bestimmten Region im Gehirn: dem Hippocampus."

Poldi guckt ganz verliebt, **Hippocampus**!

Was für ein schönes Wort, denkt er.

„Im Hippocampus werden Sinnesreize verarbeitet und sortiert. Also alles, was wir hören, sehen, riechen, schmecken, spüren. Als Folge entstehen überall im Gehirn neue Verbindungen zwischen den Zellen. Andere Gehirnzellen werden entkoppelt. Die Wahrnehmungen, die im Hippocampus ankommen, bleiben meistens nur kurz. Das nennt man Kurzzeitgedächtnis.

Im Langzeitgedächtnis bleiben die Informationen dagegen mitunter dauerhaft. Damit sie dort landen, sind Wiederholungen der Informationen hilfreich oder Gefühle, die bei der Wahrnehmung im Spiel waren.

Erinnern hat auch mit Schlafen zu tun: Im Schlaf werden Eindrücke und Informationen vom Tag im Gehirn abgespeichert. Sie werden an verschiedenen Stellen im Gehirn eingebaut. Denn Wörter, Bilder, Gerüche oder Töne können Teil der Erinnerung sein“, sagt Maya.

„Und wiiieso, wiiieso?“ Poldi lässt nicht locker, damit Maya auf keinen Fall wieder einschläft.

„Na ja, jede Erinnerung findet ihren Platz, denn Töne werden woanders abgelegt als Wörter. Intensive Gefühle oder Wiederholungen verstärken den Austausch von Signalen der Nervenzellen – dadurch verfestigen sich die Erinnerungen. Die schnelle Kommunikation der Nerven untereinander kann wie ein Blitzgewitter im Kopf sein.“

„Ooh, Blitzgewitter! Schön! Fast so wie ein Feuerwerk?“, fragt Poldi.

„Wenn Nervenzellen sprunghafte, kurze elektrische Impulse aussenden, bezeichnen Forscher und Forscherinnen das als ‚feuern'. Das passiert an verschiedenen Stellen gleichzeitig und sieht dann fast wie ein blinkender Sternenhimmel aus. Die Neuronen schwingen gemeinsam. Die Gehirnzellen werden auf diese Weise besser miteinander verbunden. So entstehen Erinnerungen und damit ein Gedächtnis. Das geschieht vor allem nachts", sagt Maya.

Poldi erinnert sich. „Aber in der Nacht schläfst du doch nur und tust gar nichts."

„Eben! Zeit zum Ausmisten der überflüssigen Gedanken und Gefühle!", antwortet Maya. „Denn würden wir uns an alles gleichzeitig und gleichwertig erinnern, könnten wir nichts mit den Informationen anfangen. Könnten wir uns dagegen an nichts mehr erinnern, dann wüssten wir auch nichts. Im Schlaf entscheidet das Gehirn, was vom Kurzzeitgedächtnis im Hippocampus ins Langzeitgedächtnis der Hirnrinde übertragen wird."

Ultrakurzzeitgedächtnis

Diesen Teil brauchen wir, um Gesprächen zu folgen oder ein Buch zu lesen. Reize aus der Umwelt bleiben etwa **0,5 bis 2 Sekunden** im Kopf.

Kurzzeitgedächtnis

Dieser Teil dient der Zwischenspeicherung von Informationen. Sie werden analysiert und bewertet. Das können **Sekunden bis zu ein paar Minuten** sein.

Langzeitgedächtnis

Hier bleiben Sachen über **Wochen, Jahre oder lebenslang**. Frühe Erinnerungen, ein gelerntes Gedicht oder auch Fahrradfahren und Schwimmen zählen dazu.

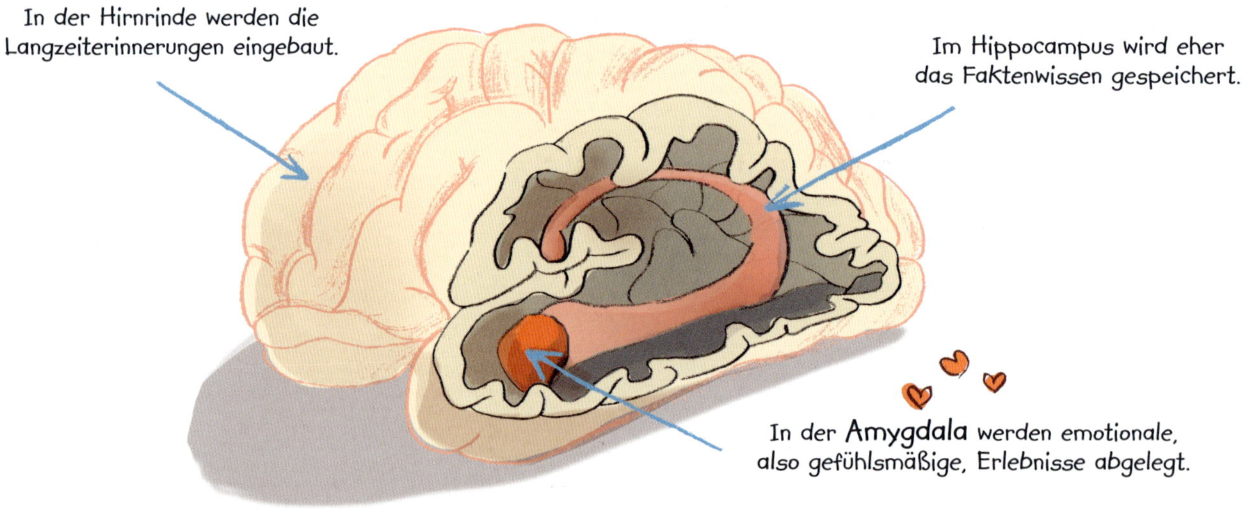

„Das Gedächtnis baut also auf einem Netz aus Nervenzellen auf. Es sortiert sich ständig neu und passt sich an, damit unser Gehirn nicht überfordert wird und leistungsfähig bleibt", sagt Maya. „Das ist wichtig, um wieder neue Sachen aufzunehmen."

„Schlafen macht also schlau?", schlussfolgert Poldi.

„Genau, deshalb schlafen Babys so viel. Sie müssen alles erst lernen", sagt Maya. „Ein Mensch schläft im Leben übrigens durchschnittlich vierundzwanzig Jahre."

„Ich schlafe auch viel!", meint Poldi.

„Das stimmt, leider nicht so viel in der Nacht!", gähnt Maya, während sie aus ihrem Bett steigt. „Ich schlafwandle noch ein bisschen."

„Schlafwandeln? Schläfst du im Gehen?" Poldi ist neugierig.

„Na ja," sagt Maya, „das kann tatsächlich passieren, wenn man ganz fest schläft. Steht man dann auf und läuft ein paar Minuten umher, ohne wach zu werden, heißt das **Somnambulismus**, also Schlafwandeln."

Was für ein Wort! Poldi ist schockverliebt.

Schlafwandelnde Menschen soll man nicht aufwecken. Sie reagieren dann oft verstört oder aggressiv. Viel wichtiger ist es, die Umgebung abzusichern.

„Daran kann sich der Schlafwandler am nächsten Morgen nicht mehr erinnern", erklärt Maya weiter, während sie Müsli auf zwei Schüsseln verteilt. „Dabei schlafen die Menschen mit offenen Augen, quasi. Es soll sogar schon welche gegeben haben, die im Schlaf gekocht oder sich die Zähne geputzt haben!", sagt sie. Poldi ist baff!

„Schlafwandeln tun wir erst in der Tiefschlafphase, wenn wir die Einschlafphase und die Leichtschlafphase überwunden haben."

Die Sonne geht unter. Das Gehirn signalisiert dem Körper, den **Schlafzyklus** einzuleiten. Das Gehirn kann zur Einstimmung das Licht der Dämmerung nutzen. Dann schüttet es Stoffe aus, die müde machen. Es entsteht der **Tag-Nacht-Rhythmus**.

Der Zyklus wird jede Nacht **vier- bis sechsmal** durchlaufen.

Gähnen ist übrigens sehr ansteckend, genauso wie Lachen.

Die Zirbeldrüse produziert das Schlafhormon **Melatonin**. Deshalb werden wir müde. Im Laufe der Nacht steigt das Hormon im Blut an.

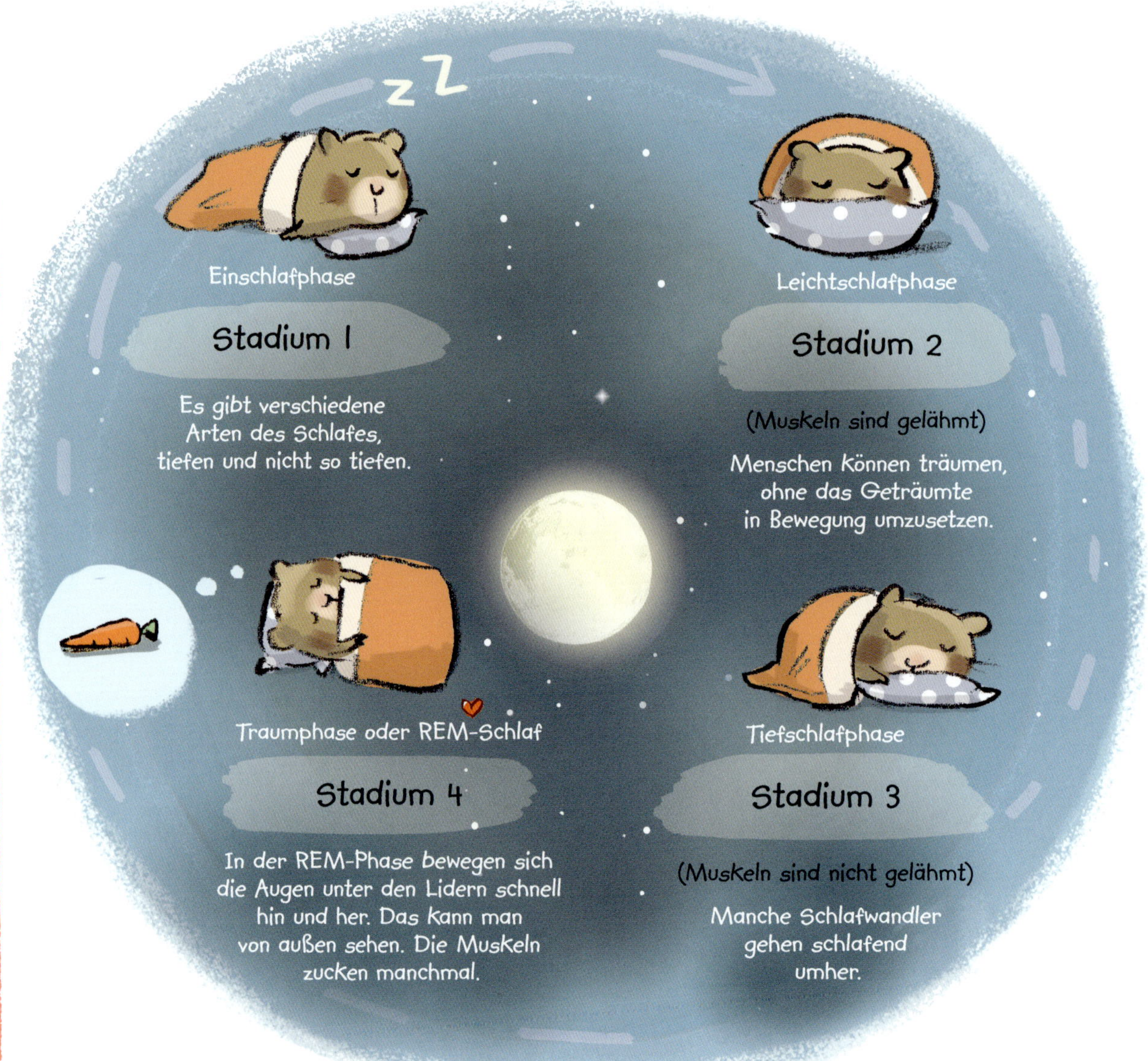

In der **Pubertät** wird das Gehirn umgebaut, indem es die Nervenzellen anders verknüpft. Es soll für das Erwachsenenalter optimiert werden. Den Prozess steuern **Hormone**. Wenn sich die Produktion von Melatonin ändert, dann ändert sich auch das Schlafverhalten der Kinder. Sie werden von Morgenmenschen zu Morgenmuffeln. Von Lerchen zu Eulen.

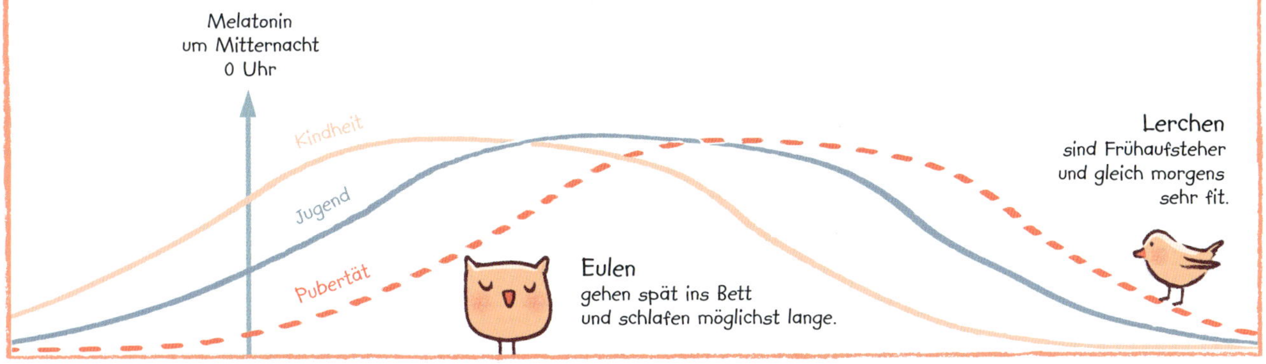

Doch Maya ist nicht fertig: „Im Schlaf passiert noch mehr: Ein Spülprogramm, das im Gehirn schädliche Abbaustoffe ausschwemmt, wird verstärkt."

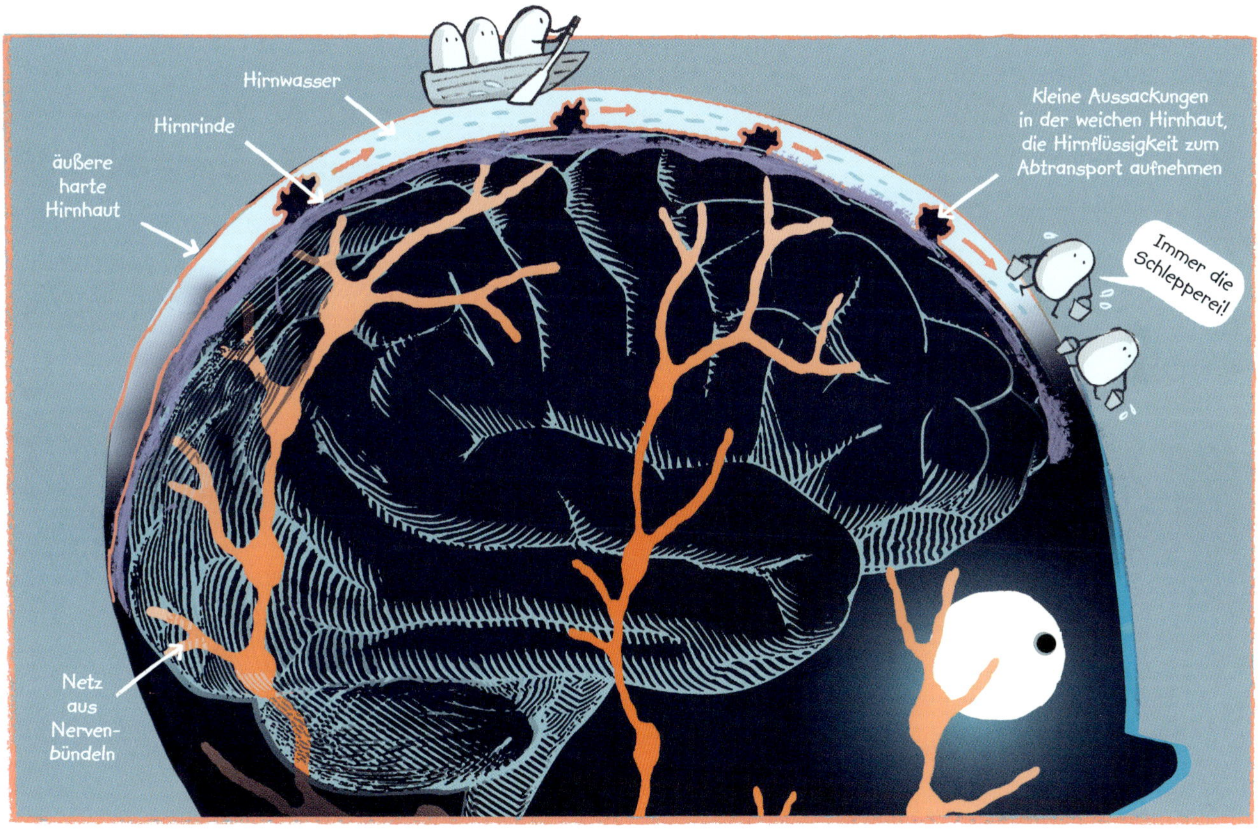

„Auch werden im Schlaf Wachstumshormone im Körper gebildet und freigesetzt. Das funktioniert ebenso am besten nachts", ergänzt Maya noch.

„Aber zurück zum Spülprogramm: Die Ableitung durch Kanäle nach außen kann man mit der Kanalisation in Städten vergleichen. Das Ganze gehört zu einer größeren Struktur im Körper, dem **Lymphsystem**. Damit werden zugleich Krankheiten abgewehrt. Auch das Gehirn schmeißt alles raus, was nicht mehr gebraucht wird." Maya macht eine Handbewegung, als möchte sie helfen, es loszuwerden.

„Ja, genau, weg damit!", ruft Poldi.

„Mithilfe des Hirnwassers, des **Liquors**, werden die Schadstoffe aus dem Gehirn hinausgeleitet. Deshalb ist es auch gut, ausreichend zu trinken, damit genügend Flüssigkeit für den Kreislauf im Körper vorhanden ist", sagt Maya.

Unterschiedliches Schlafverhalten

Schlaf ist für alle Tiere wichtig. Sie weisen aber ein unterschiedliches Schlafverhalten auf. Die Reinigung des Gehirns im Schlaf haben Wissenschaftlerinnen und Wissenschaftler zuerst bei Mäusen festgestellt. Nicht selten schlafen Tiere in mehreren Abschnitten. Säugetiere, zu denen ja auch der Mensch zählt, haben REM-Schlafphasen, das heißt, sie träumen. Von anderen Tieren wie Fischen oder Vögeln weiß man es nicht so genau.

„Affffooo?“ In Poldis Hamsterbacken ist schon die halbe Schlüssel Müsli gelandet. „Dann ist nachts schlafen für dich ja wichtig?“, stellt er fest. „Weil du ein Säugetiermensch bist.“

Aber Poldi hat noch eine andere Frage, obwohl er schon etwas müde ist. Schließlich braucht ein kleines Nagetier ab und zu einen Powernap, also ein kurzes Nickerchen.

Maya überlegt. „Ohne Schlaf? Wenn man zum Beispiel in aller Herrgottsfrühe aus dem Tiefschlaf gerissen wird, bekommt man schlechte Laune, würde ich vermuten ... “, sagt Maya und spielt damit auf das morgendliche Aufwecken an.

Poldi nimmt aus Verlegenheit noch ein Stückchen Himbeere.

Aber Maya ist schon wieder ganz in ihrem Element.

„Eine Nacht mal nicht zu schlafen ist nicht schlimm, das kann sogar die Stimmung aufhellen. Doch wenn der Körper mehr als zwei Tage keinen Schlaf hat“, erzählt sie, „kann es aber zu **Halluzinationen** kommen. Und es kann sein, dass man mehr Ängste entwickelt, weil das Gehirn in einer extremen Situation ist.“

Während Maya redet, stellt sie fest, dass Poldi ein kleines Schläfchen hält. „Hey, nicht einschlafen beim Frühstück!“, neckt sie das kleine Faultier.

„Aber ich muss doch das Neue abspeichern und Unwichtiges aussortieren“, nuschelt Poldi.

Halluzinationen sind Sinnestäuschungen. Das heißt, man sieht oder hört etwas, das in Wirklichkeit nicht da ist.

(Der rosafarbene Elefant auf dem Rad ist aber wirklich da!)

Der berühmte Physiker **Albert Einstein** (1879–1955) schlief außerordentlich gern. Er hielt sogar mehrmals am Tag ein Nickerchen, um besser denken zu können. Wie Poldi!

Eigentlich hätte Poldi noch viele Fragen.
Etwa: Woher weiß ein Regenwurm, dass es Nacht ist?
Und: Schlafen Pflanzen auch? Poldi liebt nämlich Pflanzen, gemütliches Heu, Mais und die Sonnenblume. Lecker!

Jetzt muss Maya aber los ins Labor. Bert holt sie gleich zur Arbeit ab. Poldis kleiner Körper atmet ganz gleichmäßig. Sie trägt ihn vorsichtig in seine Schlafburg ins Ställchen. Er muss erst mal alles verarbeiten.

Auch das Gehirn hamstert

Am nächsten (viel zu frühen) Morgen:

„Ich kann mich auch gleich viel besser konzertieren. Aaaah!", sagt Poldi zufrieden. „Wenn ich die ganze Flasche ausschlürfe, wäre ich dann der klügste Hamster der Welt?"

Maya schmunzelt. „Das reicht nicht ganz, Poldilein. Aber morgens schon ein Glas Wasser kann nicht schaden, denn über Nacht hat der Körper Flüssigkeit verloren. Schon alleine durch das Ausatmen."

„Ich habe nicht geschlafen, ich habe trainiert", prahlt Poldi. „Auf dem Laufrad!"

„Oh, dann musst du erst recht trinken, denn durchs Schwitzen geht auch Wasser verloren", sagt Maya.

Poldi fasst an sein volles Bäuchlein: „Und wie kommt das Wasser in den Kopf? Es fließt doch in den Bauch, wenn ich trinke."

„Na, da muss ich wohl von vorne anfangen", sagt Maya. „Also: Es ist erstaunlich, wie schnell Flüssigkeit im Körper verteilt wird. Ungefähr zwanzig Minuten nach dem Trinken ist sie schon im Blutkreislauf. Das funktioniert über den Darm, denn dort wird sie von der Schleimhaut aufgenommen. Schon beim Trinken selbst, besonders wenn die Flüssigkeit kalt ist, senden Nervenzellen aus Mund und Hals schnelle Signale an das Gehirn, dass der Durst gelöscht wird. Weitere Signale werden dann aus dem Bauchraum Richtung Gehirn gefunkt. Das Durstgefühl wird also über Nervenzellen gesteuert, die vom Gehirn aus mit anderen Nervenzellen im Körper kommunizieren."

„Klingt konzentriert, äh, ich meine: kompliziert", sagt Poldi. Er trinkt lieber noch zwei Schluck Wasser. „Schlürf, schlürf!", macht Poldi.

„Brav!", lobt Maya ihn.

Brav will Poldi überhaupt nicht sein. Aber er bleibt ganz cool und schlürft weiter, während Maya redet. „Wasser sorgt mit dafür, dass Nährstoffe aus der Nahrung über den Blutkreislauf ins Gehirn gelangen", erzählt sie.

Poldi ist ganz schwindelig von den vielen Neuigkeiten. Oder vom vielen Wasser. „Mini-Rülps!"

Salz ist lebensnotwendig.
An den Nerven hilft es,
Signale weiterzuleiten.

Ein anderes Wort
für Kochsalz ist
Natriumchlorid.
Es ist ein **Elektrolyt**.

Haben wir zu wenig Salz im Körper, löst das im Gehirn besondere Appetitsignale aus. Nervenzellen (= Neuronen) brauchen Salz. Schon der Salzgeschmack auf der Zunge reicht fürs erste, um die Nervenzellen zu befriedigen.

Bis vor ein paar Hundert Jahren galt Salz sogar als Zahlungsmittel.

In vielen Lebensmitteln ist es bereits enthalten.

„Eisen ist auch wichtig, weil es beim Sauerstofftransport im Blut zu allen Zellen beteiligt ist“, sagt Maya. „Und Sauerstoff brauchen wir, um Eiweiße, Zucker und Fette so umzuwandeln, dass die Zellen sie nutzen können. Das ist der Stoffwechsel.“

„Aha!“, staunt Poldi. „Und was ist Sauerstoff, schmeckt der sauer?“, fragt er.

Maya schüttelt den Kopf. „Nein, der ist nicht sauer. Sauerstoff ist ein Gas, das zum Beispiel auch in der Luft vorkommt. Wo war ich stehen geblieben?“, überlegt sie. „Ach ja! Damit wir alle wichtigen **Vitamine** und Nährstoffe aufnehmen, müssen wir uns abwechslungsreich ernähren. Einseitige Ernährung ist auf Dauer nachteilig. Und langweilig. Stell dir vor, du müsstest jeden Tag das Gleiche futtern! Vielleicht nur noch Mais, bis du ihn nicht mehr sehen könntest und er dir zu den Hamsterohren rauskäme.“

Poldi fasst sich an seine Ohren, als müsste er prüfen, ob da was hinauswill.

„Oft merkt der Körper, was für ihn gut oder nicht so gut ist", ergänzt Maya. „Aber manchmal wird er auch in Versuchung geführt. Denn wonach das Gehirn immer verlangt, ist Zucker. Den verschlingt es regelrecht, weil Zucker uns ein gutes Gefühl verschafft. Zucker gibt schnell Energie ab und wandert direkt ins Hirn."

Poldi hält inne. „Warum futtern wir dann hier dieses Müsli? Ich würde auch ein Stück Käsekuchen vertragen! Haben wir Kuchen?", fragt er.

„Nö!", antwortet Maya. „Aus gutem Grund gibt es den hier nur an Geburtstagen oder sonntags."

„Aber wieso denn, wenn mein Körper das sooo gern mag?", bettelt Poldi.

„Du bist ja schon fast süchtig danach! Also gierig, sozusagen", sagt Maya besorgt. „Wenn man Süßigkeiten nur gelegentlich genießt, gewöhnt man sich nicht daran. Tiere sollten überhaupt keine Schokolade oder Kuchen essen. Nimm lieber eine süße Beere, Poldi, sonst verkleben deine Hamsterbacken wieder!", meint Maya streng. Dann flüstert sie in sein Ohr: „Wenn du ständig Zucker isst, will dein Gehirn immer mehr und lässt dir keine Ruhe, bis es hat, was es will!"

Poldi gruselt sich bei dem Gedanken. „Ist ja schon gut, manno!", mault er.

Dann hellt sich Poldis Miene wieder auf. „Und wenn ich ganz lange auf meinem Laufrad trainiere?", fragt er erwartungsvoll.

„Na ja, dann darfst du gerne ein Stückchen Apfel haben, der ist auch süß!", sagt Maya großzügig.

Die Mischung macht's!

In **Japan** gibt es traditionell bereits zum Frühstück bis zu dreißig verschiedene Lebensmittel. Das wird nie langweilig und die gesunde Wirkung mancher Nährstoffe kann durch die Kombination mit anderen sogar gesteigert werden. Oft wird das Essen gedünstet, um die wertvollen Nährstoffe zu erhalten.

Wasabi
ist Japanischer Meerrettich oder auch Wassermeerrettich. Er ist sehr scharf und hat viel Vitamin C und verschiedene B-Vitamine, die gut für unsere Nerven sind.

Ingwer
ist eine Würz- und Heilpflanze.

Bento
ist die Bezeichnung für eine bestimmte Art und Weise, Speisen zuzubereiten. Es wird viel Wert darauf gelegt, dass das Essen hübsch aussieht.

In Japan bekommen Kinder Bento-Boxen mit in die Schule. Darin sind verschiedene kleine Speisen.

Die Nahrung wird hübsch zubereitet und gemeinsam gegessen.

Edamame
sind unreife Sojabohnen, die meist in ihrer Schale gekocht und mit etwas Meersalz serviert werden.

Natto
ist auch sehr beliebt. Die fermentierten Sojabohnen schmecken für uns etwas gewöhnungsbedürftig. Ähnlich unserem Sauerkraut.

Sushi wird aus frischen, wenig verarbeiteten Lebensmitteln bereitet – vor allem Gemüse, Algen, Fisch und Fischrogen sind die Zutaten. Dazu werden die salzig-würzige Sojasoße, geriebener Wasabi und eingelegter Ingwer gereicht.

Für Sushi wird ein spezieller Reis verwendet. Die Rollen werden oft mit Blättern aus Seetang umwickelt oder in Sesam gewälzt.

Pak Choi
ist eine milde Kohlart aus Asien.

Mediterrane Ernährung ist ebenso abwechslungsreich.

Mit „mediterran“ ist das Essen einiger europäischer Länder am Mittelmeer gemeint. Zum Beispiel Italien, Spanien und Griechenland. Häufig gibt es sonnengereiftes Gemüse, Fisch und Meeresfrüchte, manchmal Fleisch.

Kürbiskerne haben jede Menge guter Inhaltsstoffe.

Viel Fisch und Meeresfrüchte

Kräuter und Gewürze

Schon der Duft von Kräutern, auch in getrockneter Form, ist angenehm und belebt unsere Sinne. Kräuter wie Petersilie, Basilikum oder Majoran haben viele Folate. Die halten die grauen Gehirnzellen fit. Einige Pflanzen wirken auch beruhigend, etwa Lavendel.

Wohltuende **ätherische Öle** sind Stoffe, die Gehirnzellen vor Alterskrankheiten schützen können. In Peperoni, Zwiebeln und Knoblauch sind sie zum Beispiel enthalten.

Kalt gepresstes Olivenöl ist gut für die Blutgefäße – auch im Gehirn. Das beugt Krankheiten vor.

Bestimmte Fettsäuren sind für unseren Körper besonders wertvoll, etwa die Omega-3- und Omega-6-Säuren. Olivenöl enthält viel davon. Zusätzlich ist es auch reich an Vitamin E, das die Informationsübertragung zwischen den Nervenzellen unterstützt und bei der Immunabwehr eine Rolle spielt.

Kürbispflanzen wie Zucchini sind sehr gut verträglich und haben viele Vitamine und Mineralstoffe.

Möhren und Zucchini kann man in Spaghetti-Form bringen und unter die Pasta mischen. Am besten reichlich Kräuter, vielleicht etwas Knoblauch dazu anschwitzen. Frische Petersilie kann den Knoblauchgeruch neutralisieren.

Frisches Gemüse wie Tomaten oder rote Paprika enthält Stoffe, die Entzündungen hemmen und so die Hirnzellen vor freien Radikalen schützen.

Freie Radikale sind aggressive Stoffe, die Viren und Bakterien zerstören, sich aber auch gegen gesunde Zellen richten können.

B-Vitamine sind vor allem in grünem Gemüse enthalten. Sie sind für den Erhalt der Nervenzellen wichtig. Folat gehört zu den B-Vitaminen.

Die Mahlzeiten **gemeinsam zu kochen** und zu essen ist geselliger und tut unserem Wohlbefinden gut.

Maya schaufelt einen vollen Löffel Müsli in ihren Mund. „Eins habe ich dir noch nicht erzählt … Fett“, nuschelt sie „braucht das Gehirn ganz dringend, als Baustein für die Zellen. Und Fett dient der Geschwindigkeit deiner –“

Poldi runzelt die Hamsterstirn und sagt ungläubig: „Ach so?“

Tintenfische haben zum Teil dickere Nervenbahnen als Menschen und gelten als sehr intelligent.

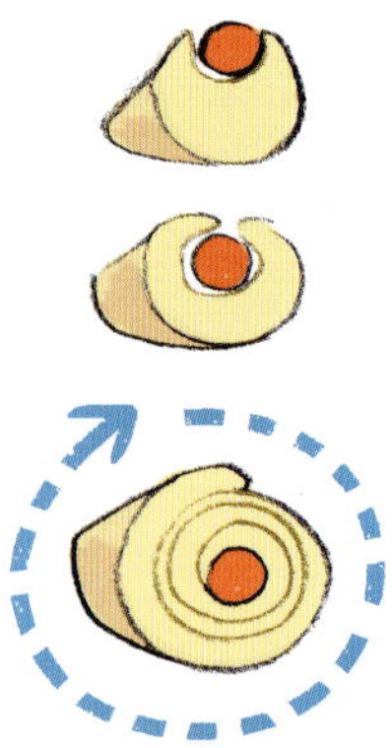

Bei der **Myelinisierung** werden die Nervenfasern mehrfach umwickelt. Wie bei einer Rolle Klebeband. Die Zellschichten haben eine stützende und versorgende Funktion.

Maya muss das wohl erklären. „Also, unsere Sinnesorgane nehmen ja Reize aus der Umwelt auf. Die werden durch Sinneszellen in elektrische Signale umgewandelt. Über Nervenzellen und deren Fasern werden diese Signale an das Gehirn weitergeleitet“, sagt sie. „Die Fasern sind zum Teil sehr lang. Manche bis zu einem Meter! Sie werden von einer fetthaltige Schicht umhüllt, dem **Myelin**. Das Myelin liegt Schicht für Schicht übereinander, wie bei einem Baumkuchen.“

Poldis Augen leuchten. *Baumkuchen, nam, nam, nam …!*, denkt er für sich, damit es Maya nicht merkt.

Sie spricht schon weiter. „So bleiben die Informationen der Signale gebündelt und gelangen im Nullkommanix von einem Ort zum anderen, etwa von der Zunge zum Gehirn. Sie hüpfen regelrecht. Durch die Schutzschicht werden sie unterwegs nicht abgelenkt oder gestört.“

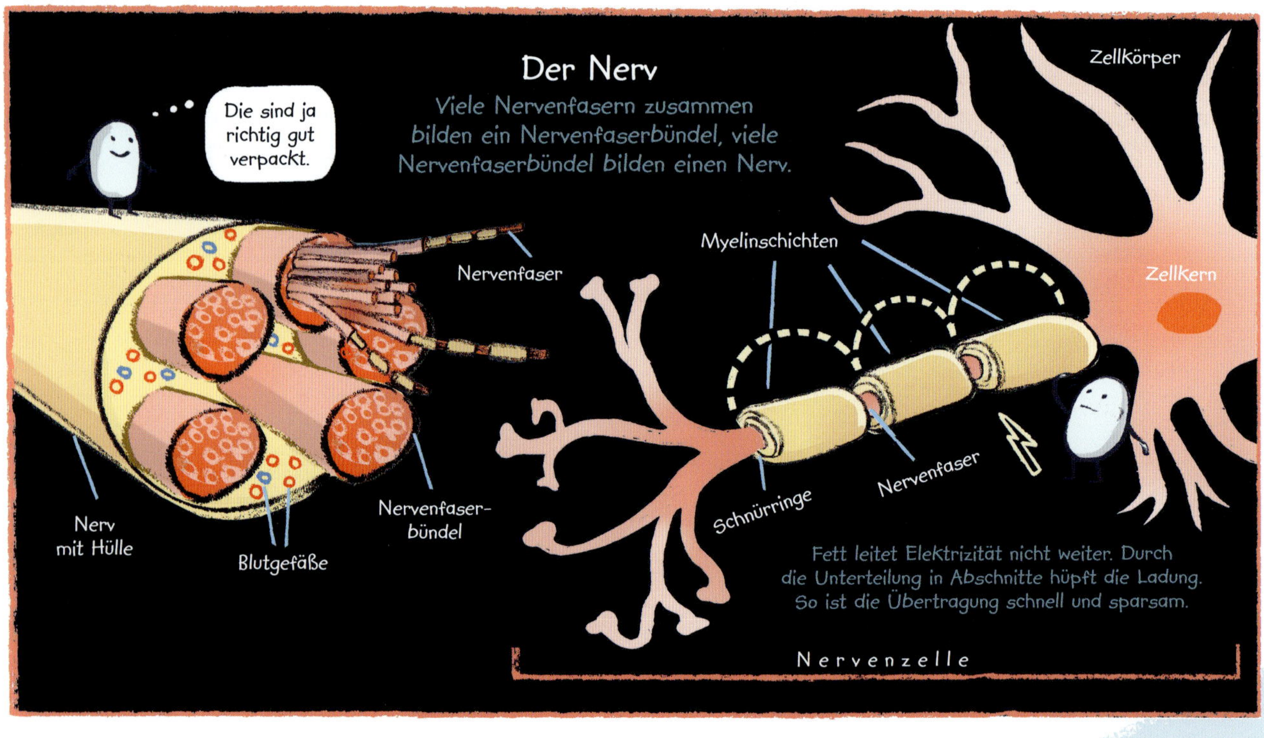

Poldi überlegt. „Dann kann ich durch fettes Futter besser denken?"

„Fast genau richtig!", antwortet Maya. „Das gilt aber nur für bestimmte Fette wie die in Samen, Nüssen, fettem Fisch, Hühnchen, Eigelb oder Camembert. Oder die in wertvollen Ölen wie Leinöl, Walnussöl und natürlich Olivenöl. Ich nenne sie mal gute Fette. Der Körper kann sie nicht selbst bilden."

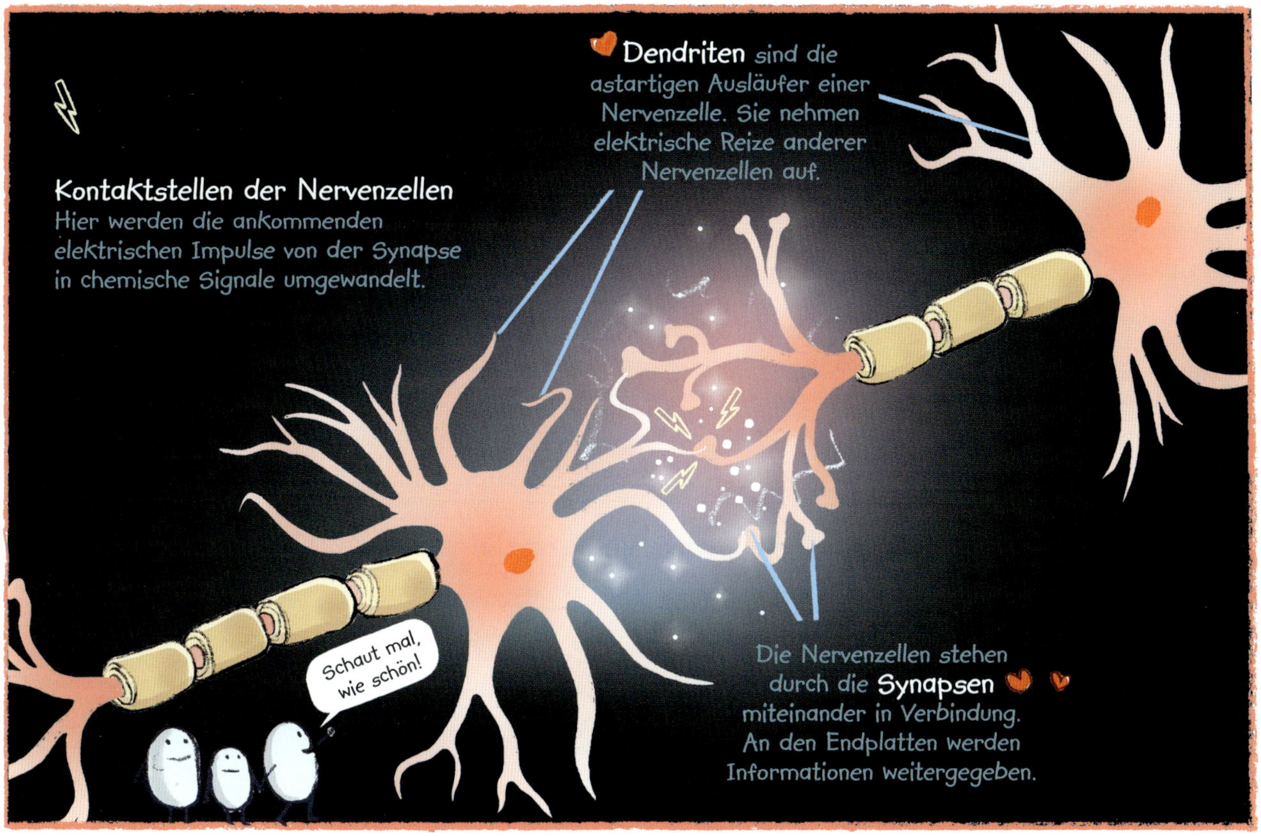

„Die Natur hat es so eingerichtet, dass uns süße und fetthaltige Lebensmittel ein angenehmes Gefühl geben. Wie die Banane, an der du knabberst, oder Ananas oder …"

Poldi spürt in sich hinein. „Ich merk noch nichts!"

„Das kann ein bisschen dauern und das ist gut so. Wenn Zucker oder Fett zu schnell ins Blut gelangen, ist man nur einen kurzen Moment lang happy. Das Wohlgefühl kippt genauso schnell wieder um", sagt Maya. „Essen wir viel Zucker oder schlechte Fettsäuren, können wir uns danach sogar unwohl fühlen."

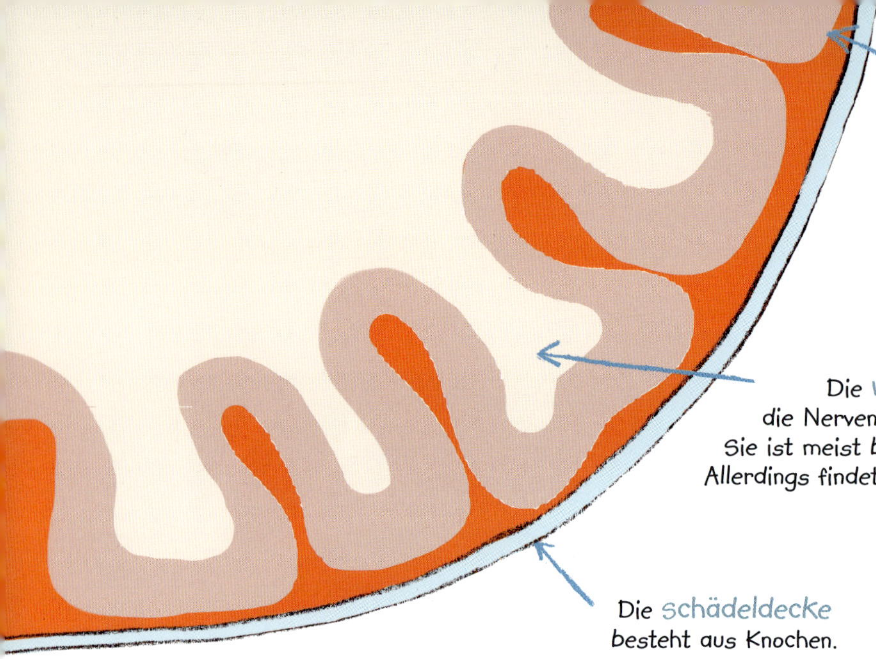

Trotz dieser interessanten Erklärungen von Maya gibt Poldi nur einen kleinen Seufzer von sich. „Hallooo, Maya an Poldi!", ruft Maya.

„Ja, ich höre noch zu. Die Müslisierung der nervigen Bahnen", gähnt Poldi.

„Myelinisierung!", berichtigt ihn Maya. „Die Masse aus Nervenfasern nennt man weiße Substanz, weil die meisten Fasern von Fett umgeben sind und Fett hell aussieht. Die weiße Substanz ist für die Weiterleitung der Reize zuständig. Erinnerst du dich? Signalübertragung? Schnelles Denken?", fragt Maya.

„Mhm", brummelt Poldi.

Maya will den Gedanken noch zu Ende bringen: „Und diese weiße Substanz ist im Gehirn umgeben von einer dunkleren Schicht, der grauen Substanz. Die grauen Zellen darin sind unter anderem zuständig für komplexe Abläufe im Gehirn – wie zum Beispiel Lernen, Denken und Verstehen. Hier spielen das Erinnern und planvolles Handeln eine Rolle. Dafür benötigt der Körper richtig viel Energie und Sauerstoff. Eisen ist dabei wichtig, denn es ist am Sauerstofftransport im Blut und an vielen Stoffwechselvorgängen beteiligt. Mithilfe von Eisen ist richtig was los!"

Mit Poldi ist gerade gar nichts mehr los und er plant auch nichts. Gemütlich zusammengerollt liegt er in Mayas altem Turnschuh und ist blitzartig eingeschlafen. Seine Gehirnwindungen können eben sehr schnell umschalten von hellwach in den Schlafmodus.

Blauwale hinterlassen im Meer einen nährstoffreichen Kot. Er enthält unter anderem viel Eisen. Das düngt Algen und andere Meerespflanzen. Aber auch Krebstiere und Fische profitieren davon.

Poldis HamsterRAT:

Tu doch was!

Wochenende! Aber vor der Tür ist das Wetter grau.
Zeit, um den Gehirnzellen drinnen ein buntes Erlebnis zu verschaffen: Bewegung!

Poldi wird von heftigen Erdstößen geweckt.

Manno, ich halte meinen Schönheitsschlaf, denkt Poldi und streicht prüfend über sein glänzendes Fell. *Unmöglich, bei diesem Gewackel ein Auge zuzumachen!*

„Mein Ställchen steht schon ganz schief durch dein Gehopse!“, ruft er zu Maya rüber.

„Bin gleich fertig, ich mache nur noch Yogaübungen“, japst Maya etwas aus der Puste. „Danach kann ich wieder klar denken“, lächelt sie.

„Außerdem arbeite ich an meiner Körperspannung! Danach könnte ich Bäume ausreißen. Also, nur so gefühlt, natürlich.“ Maya macht ein paar Verrenkungen, die Poldi nicht so recht deuten kann.

Ein bisschen Sport könnte mir auch nicht schaden, denkt er und holt sich Mayas Platzdeckchen als Yogamatte vom Esstisch. *Das wirkt echt professionell!* Poldi ist mit sich zufrieden. *Eine gute Wahl! Jetzt nur noch ein bisschen bewegen* ... Er überlegt, womit er beginnt.

Vor über 2.000 Jahren: Bei den alten Griechen besaß jede Stadt ein Gymnasion, eine Art Schule für geistige und körperliche Erziehung. Beide Bereiche ergänzten sich im Verständnis der Griechen. Daher kommt unsere heutige Bezeichnung für „Gymnasium“ oder „Gymnastik“.

Nagetiere wie Mäuse und Hamster mögen ein Laufrad auch in der Freiheit. Das hat ein Experiment in einem Park gezeigt. Die Forscherinnen und Forscher lockten Tiere mit Futter zu einem Hamsterrad. Nachdem das Futter weg war, nutzten vor allem die Mäuse das Laufrad freiwillig weiter. Und sogar auch einige Frösche ...

Dass Tiere Ausdauersport lieben und danach schlauer sind, wurde bei Mäusen in einem Laborversuch festgestellt: Die Tiere, die das Laufrad im Käfig nicht nutzen konnten, schnitten in üblichen Intelligenztests schlechter ab als Artgenossen, die nach Lust und Laune rennen durften. Wahrscheinlich erhöht sich durch die Bewegung die Zahl der Nerven und Nervenverbindungen im Gehirn der sportlichen Tiere.

Maya muss jetzt erst mal verschnaufen und geht ins Bad, um zu duschen.

Poldi verliert ohne Maya ein wenig die Lust und ruht sich im Hamsterrad aus. Quälen soll man sich schließlich nicht. Ein paar Atemübungen kann er ja noch machen.

„Ein und aus und ein und aaauuuzzZ...“

Poldi trainiert voll motiviert ...

Als Maya aus dem Bad zurückkommt, liegt Poldi im Laufrad und schlummert. Maya summt vergnügt vor sich hin.

Poldi blinzelt ein wenig und ahnt, dass Maya etwas vorhat. Das kann er sogar riechen. *Dieser Gestank! Den kenn ich doch!*, überlegt Poldi. *Das ist Mayas Ausgeh-Parfüm!*

Tausende Befürchtungen gehen ihm durch den Hamsterkopf. „Willst du etwa weg? Wohin denn, wieso denn? Schon wieder?", fragt er aufgeregt. „Triffst du dich mit diesem Bert?", empört er sich, während Maya etwas zu suchen scheint.

Poldi nimmt erneut Anlauf. „Geh nicht ohne mich. Wenn du dich verläufst in den vielen Gängen der Stadt, dann bin ich hier für immer ganz alleine!" Er schaut mit großen Knopfaugen in Mayas Richtung.

„Die Gänge heißen Straßen", sagt sie. „Außerdem habe ich eine gute Orientierung und komme auf jeden Fall wieder." Noch immer schaut sie sich suchend um. „Man sollte auch mal neue Wege gehen, das ist gut, um bestimmte Bereiche im Gehirn zu trainieren. Mal überlegen, wo können die noch sein …?"

„Immer der Nase nach" hat nichts mit Riechen zu tun, sondern meint eher, seiner Intuition zu folgen. Dabei entscheiden wir an jeder Straßenecke je nach Situation neu, wo es langgeht.

Menschen, die sich verlaufen haben, bewegen sich meistens im Kreis, denn jeder hat eine Tendenz zu einer bestimmten Seite. Dieses Wissen nutzt man, um verschollene Personen wiederzufinden.

Wenn man in der Natur unterwegs ist, braucht man eine Möglichkeit zur Orientierung, zum Beispiel einen Berg oder die Sonne. Wenn Menschen vom Weg abkommen, bekommen sie Angst und manche verhalten sich dann unvernünftig. Sie marschieren immer weiter, anstatt auf Hilfe zu warten, und das zehrt an den Kräften. Sie verschlimmern damit ihre Situation.

Dann scheint Maya was gefunden zu haben. „Da sind ja meine Ohrringe, guck mal, Poldi, wie große Hamsterschaukeln!", ruft sie. „Siehst du, ich habe voll die Orientierung und finde mich immer in der Welt und meiner Wohnung zurecht", verkündet sie stolz. „Wusstest du, dass wir uns manche Wege merken, als hätten wir eine innere Landkarte davon im Kopf? Schon Kinder können recht detailliert ihren Schulweg zeichnen, wenn sie ihn regelmäßig zu Fuß gehen."

Maya nimmt Poldi auf die Hand. „Auch Nagetiere wie du sind sehr ortskundige Wesen, weil sie viel unterwegs sind. Sie haben einen großen Bewegungsdrang und lernen so automatisch, denn Neues regt das Gehirn an."

„Hamster laufen freiwillig etliche Kilometer pro Nacht im Hamsterrad. Diesen Bewegungsdrang haben viele Tiere und auch Menschen. Lebewesen sind so programmiert. Sie nehmen die Welt besser wahr, indem sie in ihr herumwandern, um alles zu erkunden", erzählt Maya. Dann schreckt sie auf: „Oh, ich muss ja los!"

Menschen sind schon immer gewandert. Bereits die Neandertaler wanderten extrem lange Strecken. Das Umherziehen war lange Zeit Nahrungs- und Existenzgrundlage der Menschen.

Viel später dann, um das Jahr 1800 herum, diente das Wandern nicht mehr in erster Linie dazu, von einem Ort zum anderen zu gelangen, sondern dem Vergnügen und der Verbesserung des Wohlbefindens.

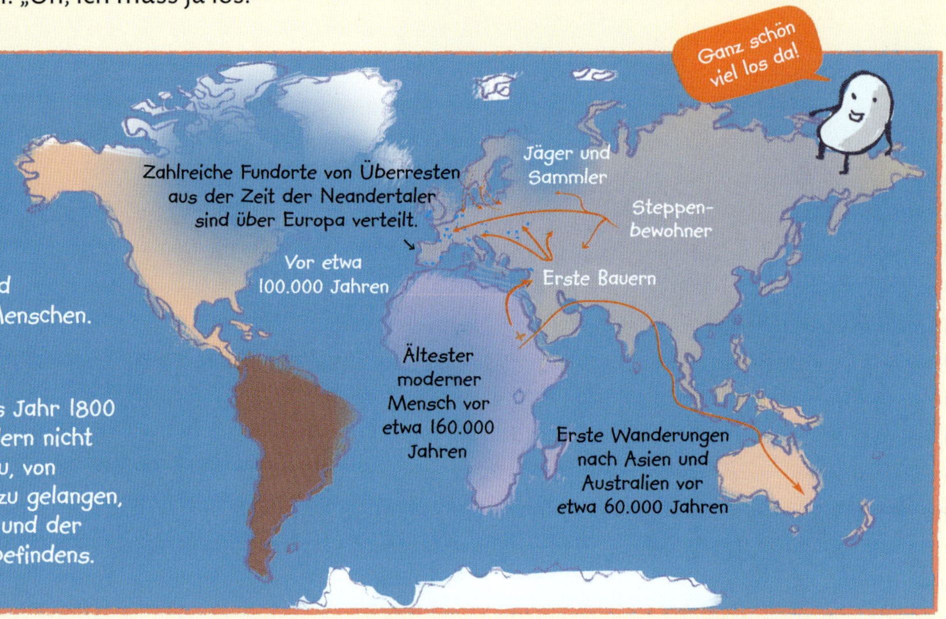

Poldi überlegt, wie er Maya ablenken könnte. Vielleicht vergisst sie dann noch mal, dass sie eigentlich los muss. Vergessen ist genauso wichtig wie sich etwas Neues zu merken, sagt sie schließlich immer ... Er rennt einige Runden in seinem Rad, damit er besser denken kann. Da kommt Maya noch mal an Poldis Ställchen vorbei. „Gut so!", bestärkt sie ihn. Poldi wendet seinen alten Trick an. „Und warum ist das gut so?", fragt er eifrig.

„Na ja, dann gehen kaum graue Zellen verloren oder sie vermehren sich sogar."

„Ach, die können mehr werden?", fragt Poldi interessiert. „Das hatte ich ganz vergessen."

„Ja, genau!", ruft Maya Poldi zu. „Wo habe ich denn meinen Schlüssel hingelegt?", murmelt sie. Zu Poldi sagt sie: „Früher dachte man, dass sich das Gehirn ab einem bestimmten Alter nicht mehr verändert. Aber das ist mittlerweile widerlegt. Lernen kann man immer."

Es ist ganz normal, Dinge zu vergessen. Ältere Erinnerungen verblassen, weil neue dazukommen. Durch Gespräche über eigene, vergangene Erlebnisse können wir zudem unserer Erinnerungsfähigkeit auf die Sprünge helfen. Das gibt uns auch ein klareres Bild von uns selbst.

Dass wir später besonders die ersten Jahre vergessen haben, hängt wahrscheinlich mit der enorm schnellen Neuvernetzung der Nervenzellen im ersten und zweiten Lebensjahr zusammen. Das Gehirn kann sich aber das ganze Leben über neu vernetzen und anpassen. Diese Fähigkeit nennt man **Neuroplastizität**. Es bilden sich unter bestimmten Bedingungen sogar immer neue Nervenzellen, die sich mit anderen neu verbinden und ganze Hirnareale je nach Nutzung verändern. Das bildet die Grundlage für alle Lernprozesse.

Bei einem Experiment mit Mäusen hat man festgestellt, dass besonders viele neue Nervenzellen bei gleichmäßigem Ausdauersport gebildet werden.

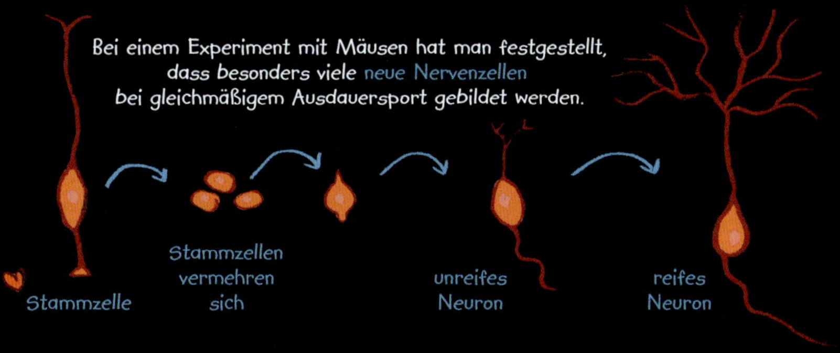

Nervenzellen helfen beim Denken. Dafür sind die Verbindungen zwischen ihnen wichtig. Wenn man etwas Neues lernt, ergeben sich auch neue Verbindungen zwischen den Nervenzellen. Sie verstärken sich, je öfter man sie benutzt. Wie bei einem Trampelpfad, der immer wieder benutzt wird, werden neue Spuren verfestigt.

Wer Fehler macht, lernt in der Regel auch etwas Neues.

Wenn wir neue Nervenzellen lange behalten wollen, sollten wir sie regelmäßig trainieren.

Am besten klappt das bei Dingen, die man mag und gerne übt. Man kann sie irgendwann perfekt und fühlt sich gut.

Kinder lernen neue Dinge sehr schnell, meist besser als ältere Erwachsene.

Wenn wir schon eine Fremdsprache können, fällt es uns leichter, eine neue zu lernen. Das Gleiche gilt für das Erlernen eines Musikinstruments.

Manchmal denken wir: Ich kann das nicht! Aber schon wenn wir denken: Ich möchte das können!, sieht es in unserem Kopf anders aus. Wir wollen es lernen und üben – und das klappt dann auch besser!

Wenn du das neu Gelernte wiederholst, wiederholst, und wiederholst, verstärken sich die Verbindungen der Nervenzellen.

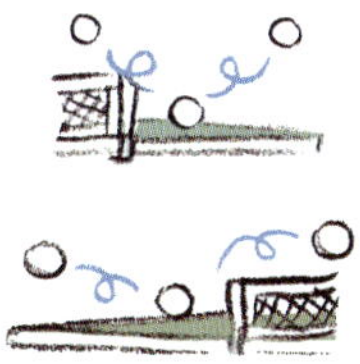

Mnemo-Techniken

Es gibt Methoden, um sich Dinge zu merken, wie Eselsbrücken oder selbst ausgedachte Reime. Worte zu singen und dazu zu tanzen hilft auch. Songtexte merken wir uns deshalb schnell und behalten sie ziemlich lange.

Bewegtes Lernen

Durch echte eigene Erfahrungen in der Bewegung sollen Zusammenhänge „begriffen" und das eigene Tun aktiv erlebt werden. Bewegung schärft unsere Sinne. Wissenschaftlerinnen und Wissenschaftler haben festgestellt, dass es zwischen körperlicher Bewegung und Hirnaktivität Zusammenhänge gibt. Bewegung formt das Gehirn mit und beeinflusst die Gedächtnisleistung und Konzentration.

Auch Gefühle werden besser gesteuert, wenn sie durch Mimik und Gestik unterstützt werden. Für manche Menschen ist das eine Möglichkeit, Gefühle überhaupt ausdrücken zu können. Beim Theaterspielen kann diese Fertigkeit geübt werden.

klettern

hüpfen

rennen und Ball spielen

krabbeln und erkunden

laufen und begreifen

Purzelbäume schlagen und die Welt mal anders herum betrachten.

Babys und Kleinkinder lernen extrem schnell. Das zeigt ein bestimmter Botenstoff im Gehirn. Er steigt bei ihnen rascher an als bei Erwachsenen, die etwas Neues lernen. Die Forscherinnen und Forscher schlossen daraus, dass Kinder eine bessere Auffassungsgabe haben. Chemische Botenstoffe sorgen unter anderem dafür, Signale von Zelle zu Zelle weiterzugeben.

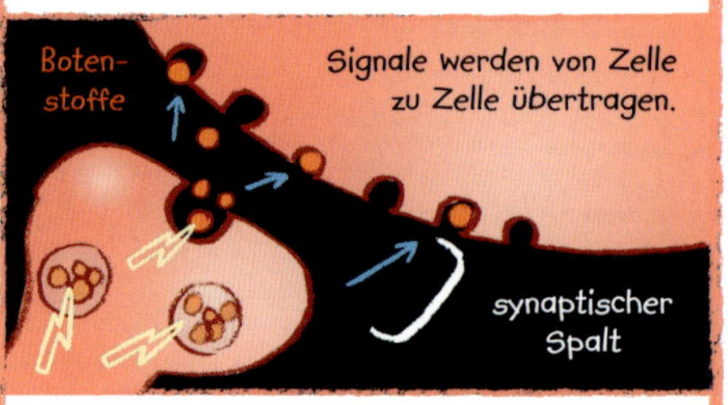

Theater spielen

Wer in der Lage ist, sich auf der Bühne in eine andere Person spielerisch hineinzuversetzen, vermag auch sonst Situationen mit anderen bessr zu bewältigen und eigene Ansichten vorzutragen.

In der Schule sollten Pausen für Bewegung eingeplant werden. Oder auch mal Aufgaben während einer Bewegung gelöst werden, etwa kleine Rechenaufgaben. Am besten an der frischen Luft.

Die linke und die rechte Gehirnhälfte sind so angelegt, dass sie oft über Kreuz zusammenarbeiten. Sie sind ständig in Kontakt und in der Mitte durch einen Balken verbunden.

balancieren

entspannen

Wichtig ist der Wechsel von Spannung und Entspannung. Von Ruhe und Bewegung.

Maya stößt einen kurzen Freudenschrei aus. „Ah, da ist ja der Schlüssel! Was man nicht im Kopf hat, hat man in den Beinen.“

„Und was soll das mit dem Kopf und den Beinen bedeuten?“, will Poldi natürlich wissen.

Maya stutzt kurz. „Also, wenn ich noch mal den Raum abschreite, erinnere ich mich vielleicht eher daran, wo ich den Schlüssel hingelegt haben könnte“, sagt sie dann. „Vergessliche Menschen müssen eben mehr laufen.“ Dabei schaukeln ihre großen Ohrringe so schön.

Poldi gefällt die pendelnde Bewegung. Seine Augen wandern immer wieder hin und her. Er wird davon ganz, ganz müde und schläft sofort tief und fest.

Die schnelle Augenbewegung dient im Grunde dazu, etwas zu fixieren. Zum Beispiel Text, wenn wir ein Buch lesen. Wenn wir spazieren oder wandern gehen, schweifen unsere Augen umher, wir entspannen indirekt und verarbeiten unbewusst Erlebnisse. Ähnliches passiert, wenn wir mit dem Zug fahren und die Landschaft vorbeizieht. Dabei bewegen sich die Augen sehr schnell hin und her.

Auch im REM-Schlaf machen wir diese schnelle Augenbewegung, um Erfahrungen vom Tag zu verarbeiten oder neues Wissen abzuspeichern. Oftmals träumen wir dann, wie in fast allen anderen Schlafphasen auch, hier aber besonders intensiv.

Wahrscheinlich träumt Poldi schon von Feldern und unterirdischen Gängen, die er sich mit großer Anstrengung und Wühlfreude in die Erde gebuddelt hat.

Herzklopfen und Schmetterlinge im Bauch

Sonntag, Frühstück im Bett und Besuch:

Es ist ein wunderbarer Morgen zu zweit. Lange hält die friedliche Stimmung aber nicht an, denn es klingelt Sturm an der Wohnungstür. Bert kommt zu Besuch, Maya freut sich. Poldi nicht, denn Bert ist ganz offensichtlich in Maya verliebt und das nervt voll.

Wissenschaftlerinnen und Wissenschaftler haben herausgefunden, dass es Gefühle gibt, die jeder Mensch schon von klein auf hat. Sie nennen diese Gefühle Basisemotionen. Anhand von Gesichtsausdrücken wurde festgestellt, dass sie sich weltweit ähneln, egal ob die Menschen zum Beispiel in Deutschland, Kanada oder Papua-Neuguinea leben. Manche nennen vier Basisemotionen, andere zählen unter anderem auch Ekel und Überraschung dazu.

Poldi hat Bert Steine oder, besser gesagt, Maiskörner in den Weg gelegt. Also vor die Tür gestreut. „Was ist das denn?“, ruft Maya, als sie die Tür öffnen will. „Da kann man sich doch richtig verletzen!“ Nun bekommt Poldi doch Angst, das hatte er nicht bis zu Ende gedacht. Er schämt sich. Schließlich hat er Maya sehr lieb und möchte ihr keine Sorgen bereiten.

Menschen, die wir liebhaben, wollen wir nicht enttäuschen.

Konzept der Bindung

Das Bedürfnis, enge Bindungen zu anderen zu entwickeln, ist uns angeboren. Von Geburt an entwickelt sich ein Band zwischen Eltern und Kindern. Im Idealfall ist es sehr stabil, sodass es dem Kind das Vertrauen verleiht, seine Umwelt zu erkunden.

Im Laufe der Zeit können enge Beziehungen zu mehreren Bezugspersonen wachsen. Entscheidend dabei ist, dass die Personen schnell und verlässlich auf die Bedürfnisse des Kindes reagieren. Wenn Babys zum Beispiel schreien, ist es für sie der einzige Weg auszudrücken, dass ihnen etwas fehlt. Sie brauchen Trost. Damit spürt das Kind, dass jemand da ist und sich kümmert. Auch die Großeltern und die Betreuenden in Kitas, Schule oder im Sportverein können eine wichtige Rolle in der Kindheit spielen.

Aber es ist zu spät und Maya jetzt richtig sauer auf Poldi, weil er Bert so gemein behandelt.

„Aber ich kann doch gar nichts dafür, die Körner sind vielleicht zufällig aus meinen Backentaschen gefallen", lügt Poldi und traut sich nicht, Maya anzuschauen. Er fasst sich prüfend an beide Hamsterbacken, als wäre da irgendwo eine undichte Stelle. Poldi fühlt sich jetzt sehr unwohl und gar nicht verliebt oder geliebt.

„Verliebtsein ist eines der schönsten Gefühl, die es gibt", sagt Maya immer. „Das fühlt sich so aufregend an, als hätte man Schmetterlinge im Bauch!"

Schmetterlinge im Bauch findet Poldi ganz lecker, aber das blöde Verliebtsein dazu braucht er nicht. Er ist eher für eine Beziehung auf solider Basis, wie Mensch und Haustier. Alles ist klar und nicht so ein Hin und Her wie in diesen Liebesfilmen, die er manchmal mit Maya schaut.

Eine Redewendung sagt: Liebe macht blind! Dahinter steckt ein Mechanismus, der Partnern hilft, sich eng aneinander zu binden. Sie übersehen einfach die Schwächen des anderen oder finden diese geradezu fantastisch. Dafür sorgen bestimmte „Kuschelhormone" wie das Oxytocin.

Ich will Gänsehaut sehen: Bei Kälte oder starken Gefühlen stellen sich die Körperhaare auf. Die stark behaarten Vorfahren des Menschen hatten so einen Schutz vor Kälte oder Gefahren.
Mir läuft es selber kalt den Rücken runter. Herrlich!
Mein Fell sträubt sich, so sehe ich größer aus bei Gefahr.
R.I.P.

Warum lieben wir Geschichten?

Geschichten spielen für Menschen eine große Rolle: egal ob Liebesgeschichte, etwas Schauriges am Lagerfeuer oder eine Jagdszene, wie sie schon vor Jahrtausenden in Höhlenmalereien festgehalten wurde. Gute Geschichten bewegen uns, weil wir in sie eintauchen und uns mit den Figuren verbunden fühlen. Wir teilen Sorgen und Freuden mit ihnen.

Unser Gehirn merkt sich Informationen, die in Geschichten verpackt sind, besser als zum Beispiel Fakten, die nur aufgezählt werden. Wenn wir Geschichten hören oder sehen, werden nicht nur die Wörter und Bilder verarbeitet, sondern auch unsere Gefühle und unser Denken angesprochen. Die Bereiche, die im Gehirn für Mitgefühl, Kreativität und komplexe Zusammenhänge zuständig sind, werden aktiviert.

Geschichten können auch Spannung erzeugen und uns fesseln. Wir sind neugierig darauf, wie es weitergeht, was die Figuren erleben und welche Konflikte sie meistern. Viele Menschen mögen gruselige oder spannende Geschichten. Finstere Gestalten und eine gruselige Handlung verursachen besonders intensive Gefühle. Sehen wir einen schaurigen Krimi, ist das Gehirn außerdem damit beschäftigt vorherzusagen, was als Nächstes passieren wird. Gelingt uns das, fühlen wir uns belohnt – dann werden Hormone ausgeschüttet, die uns zufrieden stimmen. Ein gewisses Maß an Grusel bietet also eine Abwechslung vom Alltag, Spannung und Belohnung.

Auch Liebes- und Freundschaftsgeschichten versetzen uns in andere Welten. Wir haben an Geschehnissen und Gefühlen teil, die wir in unserem eigenen Alltagsleben nicht erfahren. Oder wir fühlen uns verstanden, weil in der Geschichte Gefühle und Handlungen beschrieben werden, die wir kennen.

Das **limbische System** ist ein sehr alter Teil des Gehirns, der Gefühle und Antriebe reguliert. Es sitzt ziemlich in der Mitte und ist der Ort, wo reguliert wird, was allen Säugetieren gemein ist: nämlich sich um den Nachwuchs zu kümmern, Angst, Wut, Liebe und Spieltrieb zu entwickeln sowie das Lernen durch Nachmachen. Es regt uns also ständig an, überhaupt aktiv zu werden. Zum Beispiel können wir durch den Mandelkern in Gefahrensituationen blitzartig reagieren. Wenn uns jemand die Lieblingspizza wegessen will, verschnellert sich auch die Atmung und wir können uns richtig gut aufregen. Oder sie bewirkt, dass das Herz schneller schlägt, wenn frisch verliebte Menschen aufeinandertreffen.

Das limbische System ist eng mit dem Riechkolben verbunden. Riechen steuert unsere Gefühlswelt mehr, als uns bewusst ist. Babys erkennen ihre Mutter zuerst am Geruch und deren Duft-Vorlieben empfinden Babys als positiv, wenn sie auf die Welt kommen. Außerdem riechen wir unser Essen eher und denken nur, dass wir es schmecken. Gerüche speichert das Gehirn meist zusammen mit der dazugehörigen Situation ab. So beeinflussen Düfte unsere Stimmung, erzeugen Lust, **Sympathie** oder Angst.

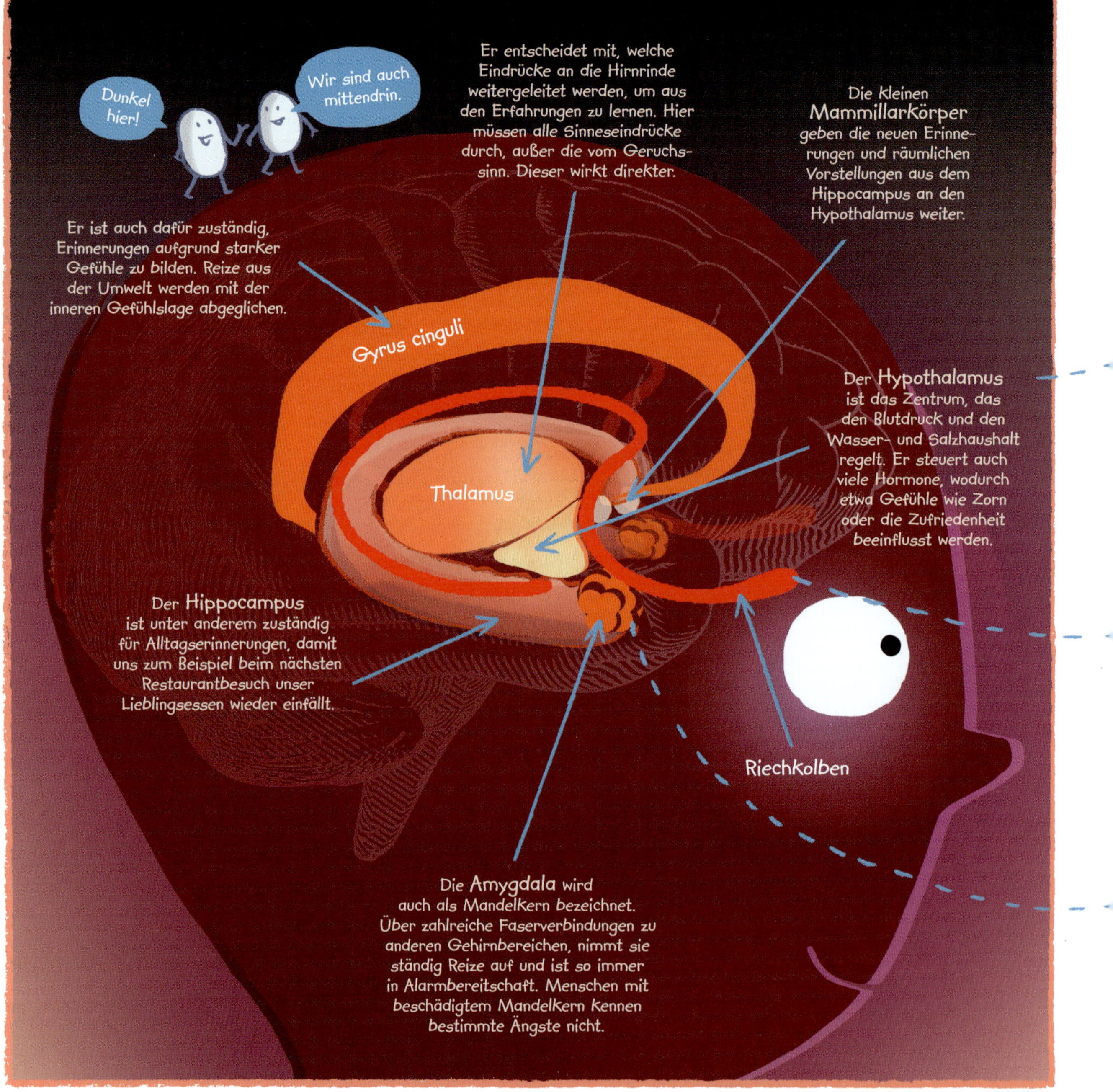

Poldi mag das mit dem Verliebtsein auch deshalb nicht, weil Maya sich dann so seltsam verhält. Sie lacht unheimlich laut über Berts Witze, bis Poldi Ohrenschmerzen davon hat. Und kaum ist Bert weg, will sie ihn sofort wiedersehen. „Oooch, wie nervig!“, stöhnt Poldi dann.

Tatsächlich ist Verliebtsein mit einer **Sucht** vergleichbar. Wenn wir glücklich verknallt sind, schüttet das Gehirn Botenstoffe aus und wir wollen den anderen unbedingt wiedersehen. Denn wir erwarten, uns dabei ausgezeichnet zu fühlen. Das erzeugt wiederum das starke Bedürfnis, noch mehr davon zu haben, auch um keine Entzugserscheinungen zu bekommen. So entsteht eine gewisse Abhängigkeit, die die Bindung an den Partner verstärkt. Gleichzeitig fühlen wir uns nervös und es kribbelt, als tanzten Schmetterlinge im Bauch – verursacht durch einen Glückshormon-Cocktail, der unter anderem aus **Dopamin und Oxytocin** besteht.

Wenn wir einen Menschen mögen, gefällt uns in der Regel auch sein **Geruch**. Finden wir den Geruch eines Lebensmittels eklig, hat das meist einen guten Grund: Es könnte verdorben sein. Wir essen es nicht und sind vor einer möglichen Infektion geschützt. Der Mechanismus ist ein sehr altes Erbe. Er hängt meist mit dem ersten Eindruck zusammen, auch bei positiven Erinnerungen. Das Aroma von Orangen wird deshalb oft als angenehm empfunden, weil wir es mit Weihnachten verbinden.

Der Geruchssinn spielt auch eine Rolle bei täglichen **Entscheidungen**: zum Beispiel, welche Kleidung sauber genug ist, um sie zu tragen, oder auf welche Speisen wir Appetit haben. Manche Gerüche aus der Kindheit beeinflussen uns viele Jahre lang.

Der Mandelkern hilft uns, auf **Gefahren** zu reagieren, indem er Botenstoffe für eine bestimmte Reaktion ausschüttet. Wir lernen auf diese Weise, nicht auf die heiße Herdplatte zu fassen oder uns vor giftigen Tieren in Acht zu nehmen. So wird unsere Aufmerksamkeit sozusagen „trainiert“ und Ängste können uns vor Gefahren schützen. Ängste sind oft erlernt und im Gedächtnis fest verankert.

Spiegelneuronen sind bestimmte Nervenzellen im Gehirn. Sie helfen uns zu verstehen, was andere Menschen tun oder fühlen. Durch die Spiegelneuronen können wir außerdem Verhaltensweisen nachahmen und Dinge durch reine Beobachtung lernen. Wahrscheinlich macht es Menschen deshalb so viel Freude, andere zu beobachten.

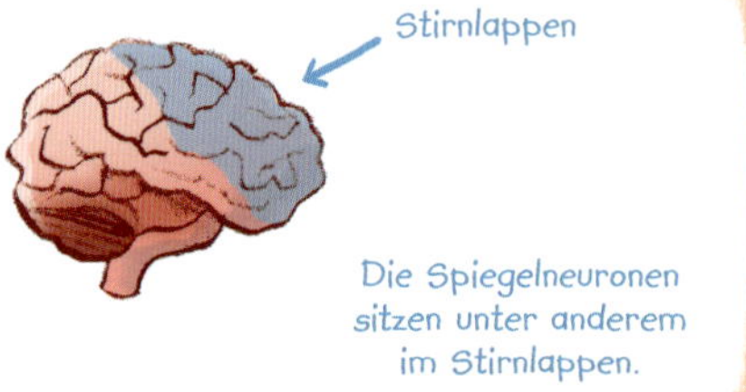

Wenn wir eine Handlung beobachten, sind die Spiegelneuronen ebenso aktiv, als würden wir sie selbst durchführen.

Wir imitieren dann oft unser Gegenüber, das spiegelt sich in Mimik und Gestik wieder, besonders bei vertrauten und uns sympathischen Personen.

Spiegelneuronen helfen auch dabei, Blickkontakt herzustellen. Der ist wichtig, um eine Bindung zu anderen Menschen aufzubauen und ihre Gefühle besser zu verstehen. Das Baby erkennt ein lächelndes Gesicht und reagiert selbst oft mit einem Lächeln. Dadurch erlebt es meist einen positiven Austausch und das verfestigt sich.

Der **Gyrus fusiformis** ist eine Gehirnwindung, die am Sehsinn beteiligt ist und vor allem für das Erkennen von Gesichtern zuständig sein soll. Er hat sich auf die Unterscheidung sehr ähnlicher Objekte spezialisiert.

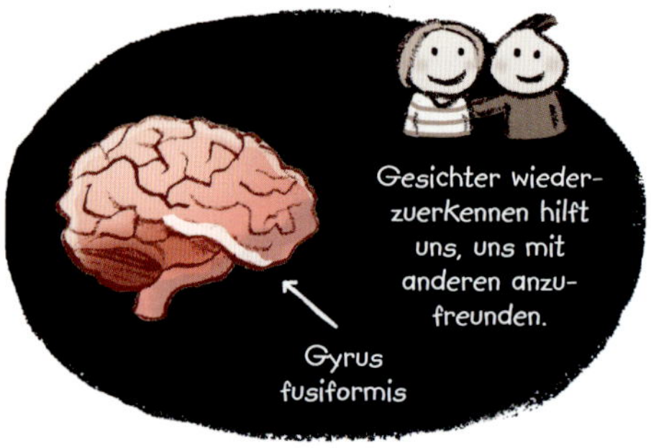

Spiegelneuronen helfen, die Welt um uns herum zu erkunden, indem wir das nachahmen, was andere tun.
Wir lernen also durch Spiegelneuronen.

Diese Neuronen sind auch wichtig, um mit anderen in Kontakt zu treten und Freundschaften zu schließen.

Poldi will nicht, dass Maya sich schlecht fühlt. Er würde sich gern entschuldigen, schafft es aber irgendwie nicht. Das verärgert Maya noch mehr. Sie schickt Poldi in sein Ställchen. Ganz langsam schleppt er sich dorthin und kriecht in Zeitlupe in seinen weich gepolsterten Bau. Das tröstet. Maya und Bert gehen in die Küche, um sich einen Tee zu machen.

„Mein Schicksal interessiert hier niemanden", empört sich Poldi, während sich Maya und Bert in der Küche amüsieren. Bert hat Kuchen dabei.

Stimmt, es ist ja Sonntag. Kuchentag!, denkt Poldi, als er Bert laut fragen hört: „Sind das Haare auf dem Platzdeckchen?" Poldi überlegt: *Oh, die muss ich wohl bei meinen Yogaübungen verloren haben. Aber ein bisschen Rache ist süß!*

Die Entwicklung der Gefühle

1. Frühe Kindheit:
Kinder zeigen die Grundemotionen wie Freude durch Gesichtsausdrücke, Töne und Bewegungen.

2. Kleinkindalter:
Das Selbstbewusstsein entwickelt sich. Kinder entdecken ihren eigenen Willen. Sie testen Grenzen und reagieren oft frustriert, wenn sie nicht bekommen, was sie wollen.

In der „magischen Phase" vermischen sich Realität und Fantasie so stark, dass die Kuscheltiere in der Vorstellung lebendig werden können.

0–2 Jahre

3–5 Jahre

Fast jedes Kind durchlebt die **Autonomiephase**. Das hilft, sich später abzugrenzen und eine eigene Persönlichkeit zu entwickeln.

Menschen und Gegenstände werden fixiert und mit Freude wiedererkannt.

Zwischen 6. und 8. Woche: spontanes lächeln.

Zwischen 3. und 4. Monat: Die Mimik und die Stimmen anderer werden unterschieden, bestimmte Menschen werden bevorzugt (Bindung).

Das „Fremdeln" beginnt ab dem 8. Monat: Das Kind unterscheidet bekannt und unbekannt.

3. Vorschulalter und beginnendes Schulalter:
Kinder lernen, ihre Gefühle besser zu benennen. Komplexe Gefühle wie Stolz, Scham oder Schuld werden bewusster erlebt. Kinder in diesem Alter verbessern zudem ihre Fähigkeit, mit Gefühlen anderer umzugehen und soziale Kompetenz zu erwerben.

6-12 Jahre

4. Pubertät:
Sie ist der Übergang zwischen Kindheit und Erwachsensein und eine wichtige Phase in der Entwicklung. Oft wird diese Zeit mit einer Baustelle verglichen, weil so große Veränderungen im Körper passieren. Es ändern sich auch Strukturen im Gehirn. Die Umbauten sind enorm wichtig, da sich dadurch die eigene Persönlichkeit und **Identität** weiter herausbilden.

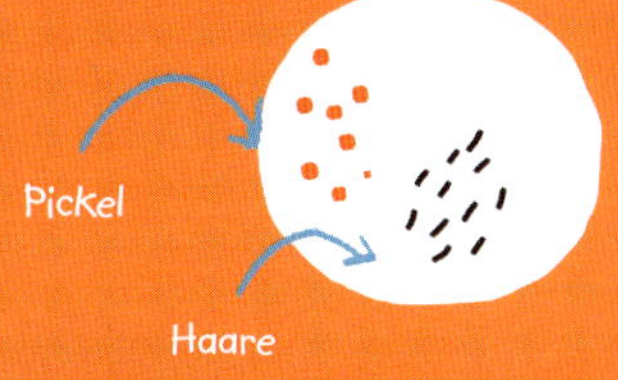

ab 10-12 Jahre

Außerdem entwickelt sich in dieser Zeitspanne ein tieferes Verständnis für die Erwartungen anderer Menschen. Die Kinder lernen, ihre Gefühle mehr zu lenken. Moralische Gefühle wie Gerechtigkeit und **Empathie** bekommen größere Bedeutung.

Empathisch zu sein heißt, sich in andere hineinversetzen zu können. Daraus erwächst zum Beispiel Hilfsbereitschaft.

Unsere **Gefühle** entstehen in verschiedenen Bereichen des Gehirns. Manchmal können wir sie auch körperlich spüren, zum Beispiel macht sich Angst durch Zittern oder Schwitzen bemerkbar.

Angst

Angst ist ein sehr unangenehmes Gefühl, das fast alle Menschen und auch Tiere kennen. Am liebsten würden wir uns dann unter der Bettdecke verkriechen. Angst steigt zum Beispiel in uns hoch, wenn wir Gefahr wahrnehmen. Dann fokussiert sich unser Körper ganz darauf, in Sicherheit zu gelangen. Die Angst hat also einen wichtigen Zweck – uns zu schützen.

Aber wir können ebenso Angst, auch Phobie genannt, vor Situationen oder Dingen haben, die eigentlich nicht gefährlich sind. Manche Menschen haben Angst vor Höhe, aber auch Angst vor Haut auf der Milch, vor Freitagen oder Knöpfen kommt vor.

Freude

Freude ist wie ein Lebenselixier. Ein super Gefühl! Schon kleine Blödeleien oder Musik und Gesang machen Spaß und gute Laune. Im Gehirn gibt es einen Bereich, in dem gehörter Gesang verarbeitet wird. Der Bereich liegt neben dem Sprachzentrum und dem für Musik.

Aufregung

Aufregung kann sich prickelnd anfühlen oder auch von großer Unruhe begleitet sein. Das hängt von der Situation ab und kann sich wie ein Kitzeln im Bauch anfühlen.

Die Aufregung gibt uns Energie und wappnet uns so vor einer Achterbahnfahrt oder vor einem Auftritt vor vielen Menschen. Das nennt man dann Lampenfieber.

Zuneigung

In der Nähe mancher Menschen fühlen wir uns besonders wohl und glücklich. Es ist ein bisschen wie eine klitzekleine Liebe.

Wut

Gegen das Gefühl können wir uns schlecht wehren. Manche Menschen toben und schreien dann. Wut ist wichtig, damit wir merken, dass etwas passiert ist, das für uns nicht okay ist!

Neugier

Die Neugier ist ebenfalls ein gutes und aufregendes Gefühl, das uns belebt und antreibt. Das ist sehr wichtig, weil wir dadurch etwas lernen können. Zum Beispiel wollen wir wissen, wie etwas funktioniert, um es zu verstehen. Dabei ist es gut, viele Fragen zu stellen.

Überraschung

Überraschungen sind einfach spannend. Manche Menschen lieben keine Überraschungen, sie wollen eher berechenbare Situationen. Und nicht jede Überraschung ist gut.

Scham

Das Gefühl der Scham wollen wir am liebsten schnell wieder loswerden. Keiner will peinliche Situationen erleben. Zum Beispiel, wenn wir bei etwas erwischt werden, das uns in einem schlechten Licht dastehen lässt.

Traurigkeit

Wenn wir traurig sind, fühlen wir uns kraftlos. Als würde etwas fehlen. Das Gefühl verschwindet mit der Zeit wieder. Je nach Stärke kann das unterschiedlich lang dauern. Oft tut es gut, darüber zu sprechen oder der Traurigkeit Ausdruck zu verleihen, etwa indem wir ein Bild malen. Manchmal tut es auch gut, sich abzulenken.

Ekel

Ein Ekelgefühl kann sehr stark und überraschend sein. Es ist ein Gefühl der Abneigung oder des Widerwillens. Manchmal muss man davon sogar würgen oder sich erbrechen, besonders wenn es unangenehm riecht. Ekel kann man aber auch bei unschönen Verhaltensweisen anderer empfinden.

Mut

Wenn wir die eigenen Unsicherheiten überwinden und uns etwas trauen, fühlen wir uns mutig. Also toll! Wenn wir uns überwinden, können wir etwas Neues erleben.

Langeweile

Langeweile ist meistens kein gutes Gefühl. Dann haben wir keine Lust auf irgendetwas und auch keine Idee, was wir machen könnten.

Aber Langeweile ist auch nützlich, weil das Gehirn die Zeit nutzt, mal auszusortieren und Platz zu schaffen. Und dann fällt uns doch was Interessantes ein.

Neid

Wenn man ganz plötzlich unzufrieden wird, weil man etwas nicht hat, das ein anderer hat, kann man richtig sauer werden. Neid kann uns antreiben. Aber es ist auch sehr anstrengend, neidisch zu sein. Und wenn es zu viel wird, fühlt es sich nicht gut an.

Zufriedenheit

Es ist viel schöner, zufrieden zu sein, als neidisch. Denn dann sind wir glücklicher.

Gemeinsame Aktivitäten machen oft zufrieden oder Bücher zu lesen und vorzulesen. Das fühlt sich entspannend an und gleichzeitig hat das Gehirn etwas zu tun.

Dankbarkeit

Das Schöne am Leben ist, dass wir oft für ganz viele Sachen dankbar sein können. Für Freundinnen und Freunde, für einen schönen Tag oder einen lustigen Film. Es ist wichtig, sich die guten Dinge ab und zu bewusst zu machen.

Poldi ist von diesen vielen Gefühlen müde geworden und eingeschlafen. Er träumt von einer idyllischen Prärie. *Aber da hinter dem Busch, da hat's doch geraschelt!* Poldi überlegt, ob er nachsehen sollte, vielleicht ist es ein wildes Tier. Die Frage ist jetzt: Erkunden oder Rückzug?

Rückzug! lautet die Antwort, als Poldi aufschreckt. Der böse Traum ist weg – zum Glück! „Der blöde Blöd-Bert ist immer noch da", schimpft er leise vor sich hin.

„Hast du was gesagt?", ruft Maya von nebenan. Aber Poldi kann ja nicht antworten, weil er offiziell schläft. Eigentlich will er sich entschuldigen und alles erklären. Aber das verschiebt er lieber noch einmal auf später. *Jetzt ist es gerade so gemütlich hier,* denkt er. Außerdem ist er immer noch ein bisschen eingeschnappt. *„Und vielleicht will Maya keine Entschuldigung mehr, weil es schon zu spät dafür ist"*, überlegt Poldi weiter und macht sich ein bisschen Sorgen um seine Zukunft. Bis er wieder eingeschlafen ist, also in echt. Und erneut einen Albtraum hat:

Der Begriff Albtraum kommt von dem Wort „Alb" oder „Elfe". Es sind Wesen, die in alten Mythologien für die Träume zuständig sind. Solche Träume können häufiger bei tiefsitzenden Ängsten vorkommen oder auch wenn wir Fieber haben oder bei Menschen mit viel Fantasie.

Wenn man Pflichten hinauszögert oder durch andere Tätigkeiten aufschiebt, nennt man das spaßig Aufschieberitis oder lateinisch: Prokrastination. Die Gründe sind oft Angst davor, es zu vermasseln. Oder man lässt sich ständig von anderen Dingen ablenken und geht lieber neuen Impulsen nach.

Poldi ist plötzlich hellwach, er scheint wohl wieder schlecht geträumt zu haben. Maya und Bert sitzen jetzt auf dem Bett und schauen sich wieder so einen Liebesfilm an, wo alles erst mal schiefgeht bis zum Happy End.

Den Film hat Maya doch schon zigmal gesehen, scheint sich aber gar nicht zu langweilen. Ich langweile mich aber schon!, denkt Poldi. *Den kann ich sogar schon mitsprechen.* Poldi ist es so allein ganz flau und fad zumute, was soll er nur machen mit der vielen Zeit?

Das kleine Universum in uns drin

Einige Zeit später, Bert ist gegangen:

Poldi kann an nichts denken. Zumindest an nichts Bestimmtes. Ihm ist langweilig und es fliegen bloß lauter verschiedene Gedankenfetzen in seinem Kopf herum.

„Bist du immer noch eingeschnappt?“, fragt Maya.

„Nö“, sagt er. Dann hebt er überrascht den Kopf. „Oh, warte mal, gerade bahnt sich ein Gedanke an. Ein sehr bedeutender. Vielleicht werde ich etwas erfinden.“ Poldi überlegt angestrengt, was das sein könnte.

Die meisten Menschen beschäftigen sich lieber mit irgendetwas, als dass sie nichts tun. Nichtstun empfinden sie als unangenehmen Stillstand. Sie lassen sich etwas einfallen, probieren Neues aus oder erfinden etwas. Auch wenn das manchmal gefährlich ist. Wie die ersten Flugversuche zum Beispiel.

Die Aktivität hier …

… und die Aktivität hier sind bei Kreativität und im Ruhezustand ähnlich.

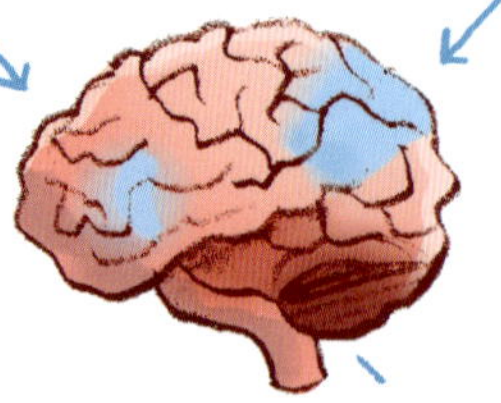

Forschende haben im Gehirn Bereiche entdeckt, die besonders dann neue Verknüpfungen zwischen den Nervenzellen bilden, wenn wir **nichts** tun. Langeweile oder nicht zielgerichtetes Denken spielt eine wichtige Rolle dabei, die ausgetretenen Denkpfade mal zu verlassen. Viele Impulse für Erfindungen und neue Ideen entstehen in diesem Leerlauf-Zustand. Dieser Zustand hilft uns, kreativ – also schöpferisch – zu sein.

Manchmal ist eine Menge Vorwissen für die Umsetzungen kreativer Ideen notwendig.

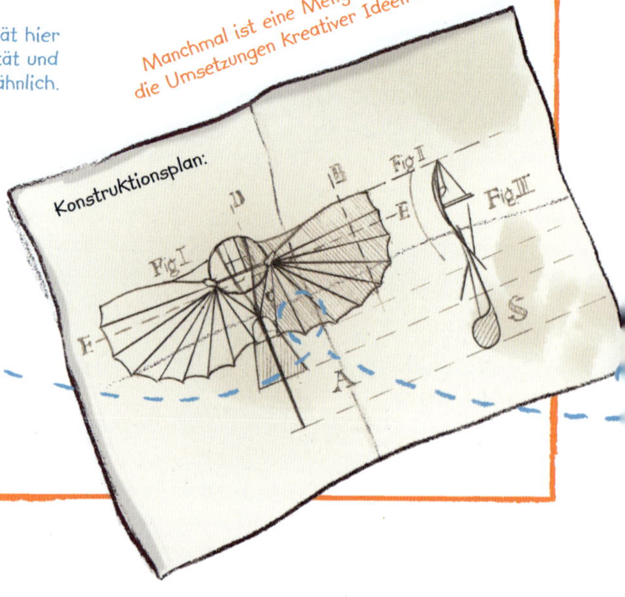

Duschen **entspannt**.
Es ist ein Moment, in dem man **ohne Ablenkung** von außen ist. Das unterstützt kreatives Denken.

Auch vor dem Einschlafen hat man den Leerlauf im Kopf, den die Wissenschaft **„Default Mode"** nennt.

Vertiefen wir uns in ein Spiel, können wir ungehemmt **tagträumen** und die Gedanken fließen lassen. Vielleicht entsteht eine zündende Idee.

In **Ruhephasen** wie bei einem Spaziergang kann unser Gehirn Erlebnisse und Erlerntes weiterentwickeln und damit kreativ umgehen.

Maya reißt Poldi schon wieder aus seinen Gedankengängen.

„Weißt du, man darf das nicht erzwingen mit dem Erfinden. Du solltest nicht am Tisch sitzen und darauf warten. Die Kunst besteht darin, eine Art Neugier zu haben, mit der wir unsere Umgebung betrachten."

Poldi guckt ratlos. „Und dann finde ich die Ideen?"

„Auf jeden Fall – keinen Stress", sagt Maya. „Wenn du dich für viele verschiedene Sachen interessierst und zum Beispiel deine Beobachtungen in einem Heftchen sammelst, schreibst und zeichnest, dann arbeitet dein Gehirn unbewusst daran weiter. So kannst du irgendwann daraus schöpfen, du entwickelst eine Vorstellungskraft von der Welt und vielleicht Ideen, die dich beflügeln."

Poldi schaut Maya an. „Wie soll ich denn das alles beachten, das dauert ja ewig?"

„Mach immer ganz kleine Schritte, das reicht schon", beruhigt ihn Maya.

„Etwas Zeit und Geduld braucht es einfach, damit die Dinge in uns wachsen können. Wir müssen immer wieder darüber nachdenken. Und auch die besten Erfindungen verlaufen oft nicht geradlinig", sagt Maya. „Wenn es eine richtige Innovation sein soll, ist nicht nur die Neuartigkeit wichtig, sondern auch der Nutzen! Darauf hat man selbst nicht immer Einfluss."

Die Wissenschaft beschreibt verschiedene Stufen der Kreativität. Zum Beispiel diese vier:

1. Mini-Stufe
Beispiel:
Man entdeckt, dass man ein bestimmtes Musikinstrument mag.
Lieben!

2. Kleine Stufe
Man lernt das Instrument zu spielen.
Üben!

3. Profi-Stufe
Das Instrument wird perfekt gespielt und man spezialisiert sich oder komponiert vielleicht Musikstücke.
Kreativ sein!

4. Bedeutungs-Stufe
Andere werden inspiriert von dem Musikstil oder den Kompositionen, wie es bei vielen bedeutenden Komponisten der Fall war.
Andere inspirieren!

Poldi wartet weiter auf seinen Geistesblitz, während Maya noch mehr zu berichten weiß: „Auch die britische Mathematikerin Ada Lovelace hat unser Leben beeinflusst. Sie gilt als erste Person, die ein Computerprogramm geschrieben hat. Als Tochter des berühmten Dichters Lord Byron wurde sie besonders in Naturwissenschaften unterrichtet, weil ihre Mutter Angst hatte, sie könnte das unberechenbare Temperament des dichtenden Vaters geerbt haben. Viele Erfinderinnen und Erfinder verfügten über ein umfangreiches Wissen, sie haben viel gelesen und ausprobiert oder sich von anderen Experten inspirieren lassen. Am Beispiel von Leonardo da Vinci (1452–1519) sieht man, dass sich mit Wissen aus verschiedenen Bereichen ganz neue Lösungen kombinieren lassen. Leonardo war ein Universalgelehrter", sagt Maya.

Ada Lovelace (1815–1852) war die erste Person, die einen Algorithmus für eine Rechenmaschine, heute Computer genannt, geschrieben hat. Sie gilt deshalb als erste Programmiererin der Geschichte. Eine Programmiersprache trägt heute ihren Namen: „Ada".

Auch **Melitta Bentz** ging neue Wege, damit ihr der Kaffee besser schmeckte. Zu dem durchlöcherten Filterbecher gab sie ein zweites, feineres Sieb. Fündig wurde sie dafür im Schulheft ihres Sohnes: Sie legte ein Blatt Löschpapier zwischen Sieb und Filterbecher. 1908 meldete sie ein Patent für einen neuen Kaffeefilter an und legte damit den Grundstein für ihr Unternehmen.

Das Patent ist bis heute gültig.

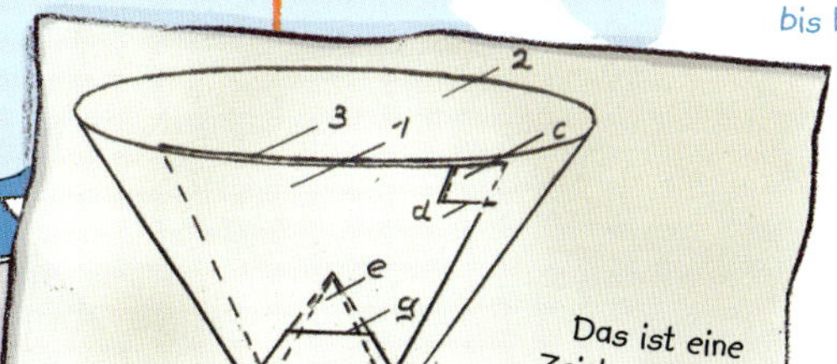

Das ist eine Zeichnung aus dem Dokument eines erweiterten Patents von 1923.

„Leonardo konnte hervorragend zeichnen und er kannte sich gut mit dem Körperbau aus. Außerdem entwarf er Pläne für echt komplizierte Maschinen, etwa ein Unterseeboot und Flugapparate." Maya schwärmt richtig. „Ganze Städte hat Leonardo geplant."

Poldi wittert seine Chance: „Da ist er ja viel toller als Bert!", gibt er zu bedenken.

„Leonardo ist aber schon über fünfhundert Jahre tot", hält Maya dagegen. „Heute sind die meisten Menschen hoch spezialisiert in ihrem Fachgebiet. Universalgelehrte wie Leonardo gibt es eigentlich nicht mehr. Die Zeit, in der er lebte, war einer Zeit großer Veränderungen."

Der Humanismus entstand in Italien.

Ab dem 15. Jahrhundert rückte das Menschliche (lateinisch: humanus = menschlich) in den Mittelpunkt des Denkens. Bis dahin bestimmten vor allem die Kirche und der Glaube an Gott das Leben der Menschen.

Einige Gelehrte jener Zeit fingen an, nach neuen Ideen zu suchen. Dabei blickten sie auch auf die Vergangenheit, etwa das antike Griechenland und das Römische Reich. Es entwickelte sich ein neues Menschenbild, das an die Natur angelehnt war. Durch Naturbeobachtung und die Zuhilfenahme des eigenen Verstandes und aller seiner Sinne sollte der Mensch lernen und Verantwortung für sich übernehmen.

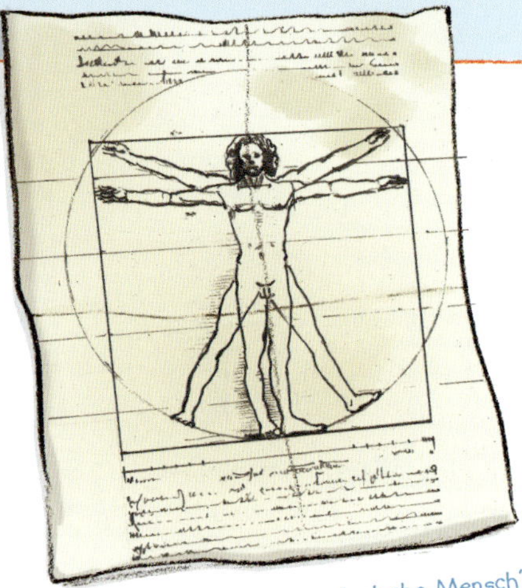

Die Zeichnung „Der vitruvianische Mensch" von Leonardo da Vinci zeigt den Menschen mit seinen natürlichen Proportionen.

Das berühmteste Gemälde aus dieser Zeit ist wohl die „Mona Lisa" von Leonardo da Vinci. Er galt bei seinen Auftraggebern übrigens als unzuverlässig. Vielleicht träumte er oft vor sich hin oder hatte einfach sein eigenes Tempo.

Vita activa (lateinisch für „tätiges Leben") war das Motto:

Viele Künstler und Künstlerinnen in der Renaissance waren gebildete, kreative Denker und begehrt an den Fürstenhöfen. Weil sie die Welt gestalten konnten – etwa als Ingenieure, Architekten, Autoren wichtiger Bücher. Und sie malten Bilder in mit neuen Perspektiven.

Menschen, die in ihrem Leben auch Zeit zum Tagträumen haben, können damit ihre Kreativität steigern. Es ist also nicht schlimm, wenn wir zwischendurch mal gedanklich abdriften.

Viele Künstler und Denker erkannten den Nutzen des Müßigangs als schöpferischer Auszeit. Bewusstes Faulenzen sorgt für eine entspannte Stimmung. Wichtig ist ein guter Ausgleich zwischen Arbeit und Entspannung.

Der Schriftsteller Thomas Mann (1875–1955) schrieb Teile seiner Romane im Strandkorb am Meer. Er war fasziniert von dem Rhythmus der Wellen. Diese Naturgewalten gaben ihm Inspiration.

Kreativsein kann uns helfen, uns auszudrücken. Beim gemeinsamen Musizieren schwingen die Gehirnwellen der Musikerinnen und Musiker im gleichen Rhythmus.

Singen verbessert die Stimmung und es hat einen positiven Einfluss auf das Immunsystem. Der Körper schüttet weniger vom Stresshormon Cortisol aus.

Auch im Gehirn gibt es Wellen, die den Rhythmus vorgeben. Es sind die Netzwerke von Neuronen, die jeweils gerade gemeinsam schwingen. Sie bilden unseren Bewusstseinszustand ab.

Wach und entspannt! Diese Wellen hemmen stärkere Netzwerke und geben den sonst eher unterdückten Raum frei für Neues.

Ein EEG misst das elektrische Aktivitätsmuster der Netzwerke vieler Millionen Nervenzellen, die zusammen feuern und schwingen.

EEG = Elektroenzephalogramm
(altgriechisch: enzephalon = Gehirn)

Farben beeinflussen unser Gehirn. Die Farbe Blau fördert die Kreativität, während Rot die Aufmerksamkeit fürs Detail schärft. Denn die Farbe Rot verbinden wir mit Gefahr. Das weiß man, weil eine kanadische Forschungsgruppe Testpersonen zu einem Experiment eingeladen hat. Die Personen bekamen verschiedene Aufgaben an einem Computerbildschirm. Der Bildschirmhintergrund war dabei unter anderem Blau oder Rot.

Bei Aufgaben, bei denen man eher auf Details achten musste, schnitten die Personen am besten ab, die auf einen roten Hintergrund blickten. Bei Kreativaufgaben war ein blauer Hintergrund besser.

Blau assoziieren wir mit dem Meer, dem Himmel und der Ferne.

Blau steht für Kreativität und kann die Innovation fördern.

Blau gibt uns Sicherheit und wir werden mutiger, neue Wege zu gehen.

Die Wirkung der Farben ist uns nicht bewusst.

Die Redewendung kommt aus der Zeit, als Stoffe mit der Hand gefärbt wurden. Montags war „Blau" dran und die Färber mussten warten, bis die Farbe an der Luft getrocknet war, wobei sie sich blau verfärbte. Freie Zeit also!

Blau beruhigt.

„Blau machen" meint, eine bewusste Auszeit zu nehmen. Man kann dabei Kontakt zur eigenen Schöpferkraft aufnehmen.

Beim Malen mit Blau und auch anderen Farben fühlen wir uns munter und lebendig.

Heute bin ich faul, supi!

Ich muss ja nicht immer perfekt sein!

Danach mach ich alles schneller und bin voller Energie ...

... und vielleicht habe ich dann eine bessere Idee, die erste ist nicht immer die beste!

Man muss auch mal „NEIN" sagen können ...

... ich muss ja nicht alles machen. Es gibt noch Milliarden andere von mir.

Blau entspannt ...

„Aber nicht nur Farben haben Einfluss. Auch Musikhören kann die Kreativität beeinflussen. Verschiedenen Forschungsgruppen haben zum Beispiel untersucht, ob das Hören der Musik von Wolfgang Amadeus Mozart eine besondere Wirkung hat. Besonders die Sonate für zwei Klaviere KV 448 in D-Dur soll einen positiven Einfluss auf den Rhythmus der Gehirnwellen haben – sagen manche. Darum beschallen manche schwangere Frauen ihren Babybauch und Landwirte ihre Tierställe mit Musik von Mozart. Der Mozart-Effekt ist umstritten, aber in jedem Fall stimuliert uns Musik und sie hat Auswirkungen aufs Belohnungssystem."

Poldi wird wieder munter bei dem Wort Belohnung. „Belohnung! Was für eine Belohnung?", fragt er neugierig.

Maya überlegt. „Also, wir müssen ganz weit zurückgehen in der Menschheitsgeschichte", sagt sie. Poldi macht es sich gemütlich, um die Geschichte besser hören zu können. „Zu einer Zeit", beginnt Maya, „als sich die Menschen die Nahrung noch selber suchen mussten, es gab ja keine Supermärkte, da entdeckten sie ihre Vorliebe für fette und süße Nahrungsmittel. Schnell zum Bäcker gehen konnte man auch nicht, denn der Ackerbau musste erst erfunden werden."

Domestizieren heißt, Tiere an die häusliche Umgebung gewöhnen (lateinisch: domus = Haus). Damit haben die Menschen vor etwa 9.000 Jahren angefangen.

Zucker und Fett wandelt der Körper schnell in Energie um, überschüssige Energie wird für schlechte Zeiten gespeichert. Auch das Zusammensein mit Menschen war damals ein Vorteil zum Überleben: Es schützte den Einzelnen vor Gefahren, etwa vor wilden Tieren. Appetit auf energiereiche Nahrung und das Bedürfnis nach Gemeinschaft haben wir auch heute noch. Die Aussicht darauf bewirkt im Gehirn die Ausschüttung des Botenstoffs Dopamin. Dadurch empfinden wir Vorfreude und möchten ein Ziel erreichen."

„Zum Beispiel die Geschichte hören", flüstert Poldi. „Und du kraulst mich dabei zwischen den Ohren", schwärmt er weiter.

„Na gut", seufzt Maya. „Übrigens, schon eine Umarmung mit Freunden kann eine Dopaminausschüttung auslösen."

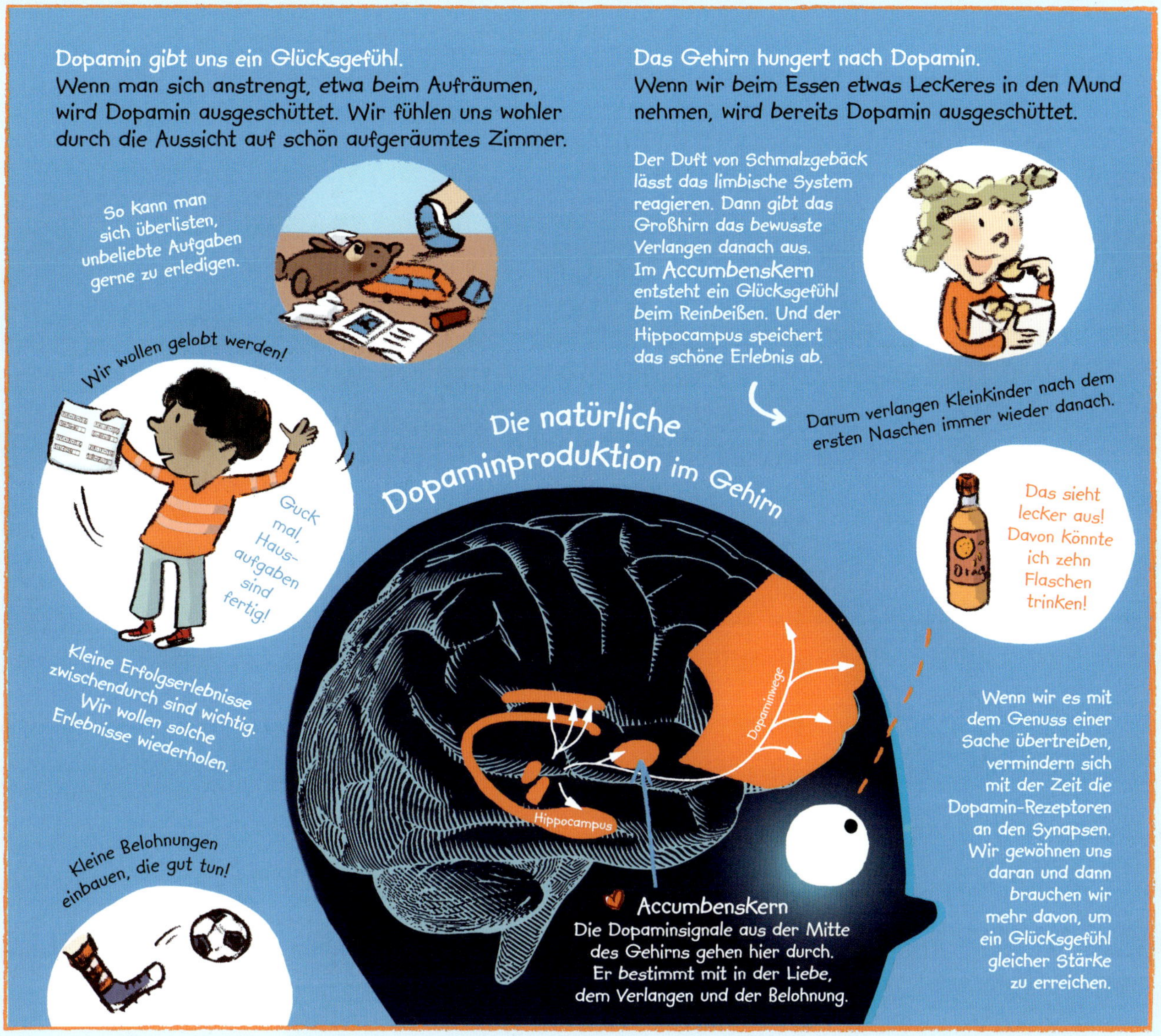

Poldi ist eingeschlummert oder er genießt tief entspannt die Kraul-Einheiten. Maya lächelt. „Na, das Kraulen war wohl eher die Belohnung, nicht die Geschichte. Klaro, über so viele Neuigkeiten musst du erst mal schlafen.“

Poldis HamsterRAT:

- sich mit anderen zum Geschichtenerzählen treffen
- neue Dinge ausprobieren
- zwischendurch singen oder musizieren
- Vorbilder finden

Sei doch (nicht) so!

Sonntagabend. Der Wochend-Blues macht sich breit:

„Wie wäre es mit einer Himbeere? So etwas Leckeres mögen die meisten, ob Mensch oder Tier“, sagt Maya.

„Bin ich denn wie alle Hamster?“, will Poldi wissen.

„Einerseits ja, andererseits nein, würde ich meinen“, sagt Maya. „Du spielst, buddelst, kletterst gern und rennst viel im Laufrad. Das machen fast alle Hamster. Denn sie sind ja eigentlich wilde Tiere und müssen normalerweise lange Strecken bei der Nahrungssuche zurücklegen.“

Poldi fühlt sich geschmeichelt. „Ja, genau, ich bin klein, aber sehr wild!“

„Andererseits sind wir alle auch einzigartig, das fängt schon damit an, dass jeder seinen ganz eigenen Fingerabdruck hat. Nur ganz, ganz selten kann es bei menschlichen Fingerabdrücken zu einer Übereinstimmung kommen.“

Die Wahrscheinlichkeit, dass zwei Personen den gleichen **Fingerabdruck** besitzen beträgt weniger als 1 zu 100 Milliarden.

„Aber was bin ich denn nun? Ein Haustier oder ein ganz wildes Tier?“

Maya denkt nach. „Für mich bist du Poldi, mein kleiner Hausfreund mit dem wohlklingenden Namen Poldi Lenbach-Fernandez! Zumindest würdest du beim Tierarzt so aufgerufen werden. Dort bekämst du meinen Nachnamen, damit jeder weiß, dass wir zusammen gehören.“

„Oh!“, macht Poldi.

Beim Tierarzt:

Der französische Philosoph **René Descartes**, der übrigens ein extremer Langschläfer war, stellte schon vor etwa 450 Jahren die Frage nach der Wirklichkeit. Was ist real? Gibt es das, was wir sehen, hören oder riechen wirklich? Vielleicht ist das alles gar nicht da. Vielleicht ist das Leben nur ein Traum?

Er zweifelte an den Dingen und überlegte sich dann: Aber weil ich zweifle und weil ich denke, kann ich sicher sein, dass es mich gibt. Egal, ob im wachen Zustand oder im Schlaf. Er kam zu dem Schluss: „Ich denke, also bin ich." (lateinisch: „Cogito ergo sum.")

René Descartes (1596–1650)

„Und ich bin für dich verantwortlich und kümmere mich um dich, damit es dir gut geht", sagt Maya noch.

Poldi ist beruhigt. Er hat jemanden und er ist jemand: „Ich bin Poldi Lenbach-Fernandez."

„Jetzt muss ich schnell das Geschenk für Berts Geburtstag einpacken", sagt Maya und schaut hektisch auf die Uhr. Poldi will aber erst wissen, wann sein eigener Geburtstag ist.

Das weiß Maya gar nicht. „Na ja", sagt sie, „früher waren Namenstage in manchen Regionen viel wichtiger als Geburtstage. Der Namenstag durfte auf keinen Fall vergessen werden. Das hing damit zusammen, dass die Namen von wichtigen Persönlichkeiten aus der Geschichte stammten. Das hatte große Bedeutung für das eigene Leben und gab irgendwie Orientierung. Manche Gedenktage sind noch immer mit einer Person verbunden, etwa der Martinstag am 11. November oder der Nikolaustag im Dezember."

Der heilige Nikolaus gilt im Christentum als Beschützer der Kinder. Noch immer stellen viele Kinder ihre geputzten Schuhe in der Nacht vom 5. zum 6. Dezember vor die Tür. Am nächsten Tag sind sie dann mit Süßigkeiten gefüllt.

Das Opfer, zum Beispiel Früchte, wurde auf einem Altar vor dem Tempel der jeweiligen Gottheit dargebracht.

Im antiken, also alten, Griechenland oder auch später im Römischen Reich hatte jeder Mensch seinen besonders verehrten Gott. Das Praktische war, dass es in der damaligen Vorstellung Götter für alle Lebensbereiche gab. Ärgerte man sich über den erwählten Gott, weil vielleicht eine Opfergabe nicht zum Erfolg führte, tauschte man ihn einfach gegen einen anderen aus. Die Götter waren mit unzähligen Geschichten über sie selbst ausgestattet, die auch oft von ihren Missgeschicken berichteten. Sie waren darin den Menschen sehr ähnlich.

„Egal, besondere Tage sollte man feiern." Poldi hört aufmerksam zu. Maya soll mehr von diesen schönen Bräuchen berichten.

„Feste verbinden uns mit anderen Menschen. Wir laden ein und werden dann später auch eingeladen und wir bringen etwas mit. Es ist ein Geben und Nehmen."

Ein Geschenk oder ein Dankeschön ist immer auch ein Zeichen der Wertschätzung eines anderen Menschen. Das lässt sich durch sorgfältiges Einpacken oder eine Grußkarte noch steigern.

Warum fühlt es sich genauso gut an, ein Geschenk zu geben, wie eins zu bekommen – obwohl es ja richtig Mühe macht? Das kann man mit dem Belohnungsystem erklären.

Erst mal brauchen wir ein Geschenk, über das sich die zu beschenkende Person freut. Dann investieren wir Zeit und manchmal Geld. Wenn wir das Geschenk schön verpacken, steigert das die Vorfreude. In dem Moment fühlen wir uns schon gut. Daran zeigt sich, dass unser Belohnungsystem eher ein System der Vorfreude ist. Wir stellen uns etwas unheimlich toll vor – dann ist das Gefühl am stärksten. Manchmal stärker, als wir es später bei der Übergabe erleben.

„Und an welchem Tag bekomme ich Geschenke?", fragt Poldi und schaut erwartungsvoll. „Etwa heute?"

Maya guckt gleich mal im Internet nach, wann „Leopold" Namenstag hat. „Ach ja, hier steht es: am 15. November. Das sind nur noch fünf Monate, ungefähr." Poldi muss tief durchatmen, das kommt ihm unendlich lange vor. „Aber du kannst mir ja eine Einladung für ein spontanes Fest geben. Denk dir einfach was aus und plane etwas Lustiges."

„Aber das schaff ich doch nicht allein!", sagt Poldi.

„Dann bitte mich um Hilfe, ganz einfach!", antwortet Maya. „Wir können allein oder auch gemeinsam oft mehr bewirken, als wir ahnen. So entwickeln wir uns zu eigenständigen Persönlichkeiten."

Etwas Eigenes auf die Beine zu stellen, gibt uns Sicherheit und Struktur. Das kann das Selbstbewusstsein fördern, weil wir unsere Umwelt mitgestalten und lernen, Verantwortung zu übernehmen.

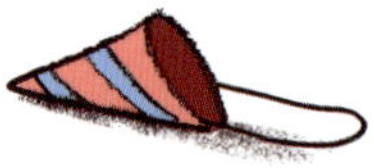

Maya ist etwas aus der Puste. „Unsere persönliche Entwicklung ist ja nie fertig. Wenn wir klein sind, haben wir eine andere Sichtweise auf uns und andere. Und jede Erfahrung verändert diese Wahrnehmung und formt die Persönlichkeit ein Stück mehr."

Ab dem Ende des zweiten Lebensjahrs fängt ein Kind an, über sich als „Ich" zu sprechen. Die Sprache wird wichtiger, um sich auszudrücken.

Im Alter von drei oder vier Jahren beschreiben sich Kinder selbst mit konkreten Merkmalen wie der Haarfarbe oder sie sagen, wie alt sie sind.

Ab dem (Vor-)schulalter beginnen Kinder logischer zu denken und aus ihren schon gewonnenen Erfahrungen zu schöpfen. Sie fangen außerdem an, sich mit anderen Kindern zu beschäftigen und zu vergleichen.

Poldi hat aufmerksam zugehört. Die Sache interessiert ihn sehr. „So kompliziert ist das bei euch Menschen!", bemerkt er.

„Das liegt daran, dass jeder Mensch eigene Wünsche entwickelt. Neben den eigenen Wünschen hat aber auch jeder das Bedürfnis, zu einer Gruppe zu gehören. Das ist dann ein Abwägen, ein Hin und Her, was gerade wichtiger ist. Denn obwohl sich viele in einer Gruppe wohler fühlen und zufriedener sind, brauchen sie manchmal auch Zeit für sich allein, ohne gestört zu werden. Das kann zu Konflikten führen."

Jeder Mensch ist anders: lebhaft oder zurückhaltend, spontan oder planend, kommunikativ oder still.

Manche Menschen brauchen mehr **Zeit für sich.** Sie gewinnen dann wieder Kraft aus dem Alleinsein. Oder sie pflegen lieber Beziehungen, die auf Zweisamkeit beruhen als auf Gruppen.

Manchmal möchte man sich anderen **einzelnen Personen** mitteilen, um intensiver Gedanken auszutauschen. Manchen Menschen genügen auch wenige, aber sehr enge Freundschaften.

Einige Menschen sind etwas **stiller** und nehmen sich zurück. Sie lassen Situationen lieber erst mal auf sich wirken.

Das zurückhaltende Verhalten wird manchmal als Ablehnung interpretiert, obwohl es nicht so gemeint ist.

Manche eher schüchterne Menschen erröten mal und befürchten, sich zu blamieren. In der **Pubertät**, also in der Zeit, in der man sich vom Kind zum Erwachsenen entwickelt, kann Schüchternheit aber auch helfen, sich von anderen abzugrenzen.

Manche Menschen haben gerne **viele Personen** um sich, sie fühlen sich in einer Gruppe wohl. Sie ziehen eher Energie aus dem Zusammensein.

Reger Kontakt zu anderen Menschen ist vielen Personen sehr wichtig, sowie das Teilen der eigenen Gefühle und Empfindungen als **Wir-Gefühl**.

Aber auch die Auseinandersetzung und Abgrenzung von einer Gruppe ist wichtig für die Entwicklung der Persönlichkeit.

Die Mehrheit der Menschen will einer Gruppe angehören, zieht sich aber auch gerne mal zurück. Die meisten von uns bewegen sich **zwischen diesen beiden Polen.**

Viele haben das Bedürfnis nach Zugehörigkeit in einer Gemeinschaft, die ein Gefühl der Sicherheit und **Stärke** gibt.

Die Gruppe vermittelt Orientierung und gibt uns das Gefühl, Dinge besser einschätzen zu können. Das fördert die **Identität** einer Person.

Weil der 25-Jährige **Phineas Gage** 1848 einen Unfall überlebte, verhalf er der Neurowissenschaft zu neuen Erkenntnissen. Beim Umgang mit Dynamit bohrte sich eine Eisenstange durch seinen Schädel und hinterließ ein dickes Loch. Von nun an war Gage auf dem linken Auge blind. Aber er konnte sprechen wie zuvor, war weiter handwerklich geschickt und sein Erinnerungsvermögen gut. Vor dem Unfall wurde er allerdings als verantwortungsvoll und still beschrieben. Jetzt fluchte er vor sich hin, war launenhaft und oft respektlos. Daraus folgerten Forscherinnen und Forscher, dass die verschiedenen Regionen des Gehirns für unterschiedliche Aufgaben zuständig sind.

Phineas war nicht mehr „derselbe Mensch". Sein Charakter änderte sich. Offensichtlich traf er nun Entscheidungen, die ihm nicht guttaten. Gefühl und Vernunft hängen beim Treffen von unseren Entscheidungen wohl eng zusammen.

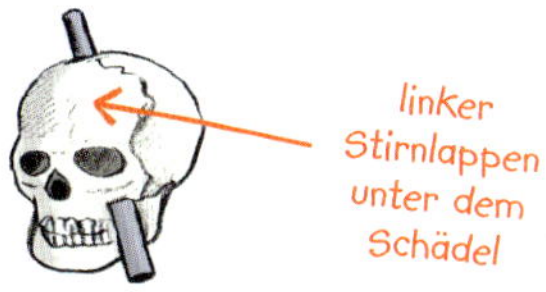

Den **Charakter** eines Menschen kann man nicht so leicht erkennen. Charakter meint die Eigenschaften, das Wesen einer Person, etwa das Temperament, die Gefühle und Wertvorstellungen. Auch Dinge, die wir gerne tun oder mögen, zeichnen uns aus.

Unabhängigkeit

Irgendwann will ein Kind das Brot allein schmieren, allein über die Ampel gehen oder sich allein die Kleidung aussuchen und anziehen.

Eigene Erfahrungen zu sammeln, etwas auszuprobieren, es zu schaffen oder durch die Versuche zu lernen stärkt das Selbstbewusstsein.

Kreativität

Kreative Menschen sind oft erfinderisch. Sie lieben ein anregendes Umfeld, in dem sie wirken können und ihre Vorstellungskraft ausprobieren. Viele sind offen für Neues. Beim Basteln, Malen, Werkeln oder Theaterspielen können wir die Zeit vergessen und uns ausprobieren. Viele Menschen sind gerne auf irgendeine Art schöpferisch.

Sorgfalt und Ausdauer

Einige Menschen widmen sich ihren Interessen sehr intensiv. Sie sind neugierig und gehen Fragen oder Dingen, die sie nicht verstehen, hartnäckig nach. Sie fragen anderen sprichwörtlich „Löcher in den Bauch". Oder sie probieren Sachen so lange aus, bis sie sie gut können.

Offenheit

Kinder sagen oft, was sie denken, oder stellen Fragen, die anderen unangenehm sein können. Das meinen sie aber arglos. Später verändert sich das. Wir halten uns öfter zurück, weil wir zum Beispiel niemanden verletzten wollen.

Sturheit

Manchen Menschen ist es besonders wichtig, ihren Willen durchzusetzen. Kinder werfen sich in einem bestimmten Alter sogar manchmal auf den Boden, um ihrem Willen Ausdruck zu verleihen.

Bis zum Erwachsenenalter lernen wir aber, unsere Ziele auf andere Weise zu erreichen und Kompromisse zu schließen. Das ist auch gut für den Umgang mit anderen.

Risikobereitschaft und Sorge

Neugier ist eine große Triebfeder, die dazu führen kann, Risiken einzugehen und Bedenken auszublenden. Manche Menschen sind schnell in Sorge und fühlen sich in ungewohnten Situationen unsicher.

Die Pubertät ist ein Prozess, den jeder Mensch durchläuft. In dieser Zeit verändert sich der Körper und im Gehirn werden Verbindungen der Nerven gelöst, andere werden neu verknüpft. Dabei entwickeln sich die eigene Persönlichkeit und der Charakter besonders rasant. Das Ganze dauert mehrere Jahre und kann bei jedem Menschen zu einem anderen Zeitpunkt beginnen und enden.

Poldi findet sich auch ein bisschen schüchtern.

„Ich brauche Gesellschaft nicht so, ich habe ja den ganzen Tag zu tun mit Futtersuche, Fellpflege, immer im Wechsel mit Schlafen."

Maya überlegt. „Ein zurückhaltender Mensch – oder Hamster – ist im Alltag eher vorsichtig und beobachtet, statt sich gleich ins Getümmel zu stürzen. Die Areale im Gehirn, die für Angst oder Risikobewertung zuständig sind, reagieren schneller als bei anderen. In manchen Situationen kann eine solche große Vorsicht sehr nützlich sein. Manche leiden aber auch unter ihrer Schüchternheit. Etwa, wenn sie gerne mehr mit anderen unternehmen würden, aber nicht wissen, wie."

„Und warum wissen das manche nicht?", fragt Poldi.

„Na ja, einerseits sind bestimmte Eigenschaften angeboren, andererseits hat ein gutes Umfeld auch sehr großen Einfluss", antwortet Maya. „Eine schöne Umgebung und ein freundlicher, wohlwollender Umgang ermöglichen positive Erfahrungen. Dann machen auch Pflichten Spaß und alle Beteiligten sind automatisch offener, gewissenhafter und gehen eher aufeinander ein. Die Gefühlswelt aller Beteiligten ist stabiler und man kann sich besser auf die Inhalte konzentrieren."

Maya will aber noch etwas ganz Wichtiges zum Schluss erklären. Poldi ist einverstanden.

„Und wenn das Gehirn eines Kindes dann ganz gut funktioniert, passiert etwas, das uns manches mühsam Erlernte wieder verlernen lässt: die Pubertät – der Übergang von der Kindheit zum Erwachsenenalter. Da wird quasi innen und außen aufwendig renoviert", sagt Maya. Poldi ist erstaunt, weil Maya in Rätseln spricht. „Unsere Persönlichkeit fährt Achterbahn", versucht sie es deutlicher zu machen.

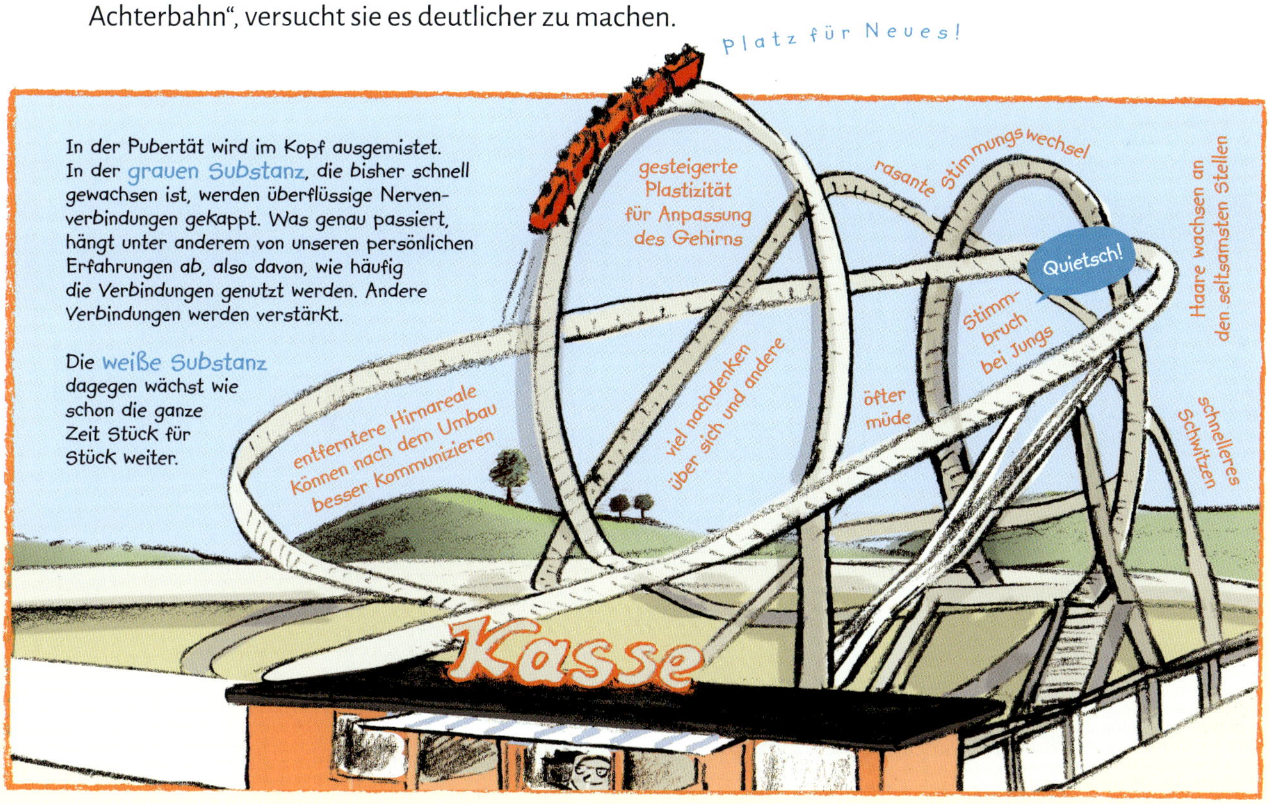

„Der Umbauprozess dient wohl der **Neuroplastizität**, also Formbarkeit, des Gehirns, es macht einen Reifungsprozess durch", erklärt Maya. „Danach geschieht die Verarbeitung von Informationen schneller und komplexer. Jetzt kann es mit ganz neuen Erfahrungen bestückt werden."

Wie bei Poldi, der gerade die neuen Informationen im Schlaf sortiert, um dann wieder bereit zu sein für Neues. Und Maya kann endlich los, zu Berts Geburtstagsfeier.

Du bist nicht allein

Maya kommt spät abends nach Hause. Poldi wartet schon ungeduldig …

Sie hat Poldi ein Geschenk mitgebracht. „Kleine Aufmerksamkeiten erhalten die Freundschaft“, sagt Maya, während sie das Bündel feierlich überreicht.

„Du hast ja an mich gedacht!“ Poldi wickelt das Geschenk aus. In Zeitlupe öffnet er die kleine Schleife. Gefühlte drei Minuten später beginnt er mit dem Papier.

„Also, meine Spannung ist schon wieder aufgebraucht“, sagt Maya.

„Meine auch“, antwortet Poldi und fetzt das ganze Papier ab. Zum Vorschein kommt eine bläulich glänzende Weinbeere. Poldi ist ganz aus dem Häuschen, denn so ein Leckerli steht selten auf seiner Speisekarte. Er stopft sie gleich in die linke Backentasche und hoppelt damit ins Ställchen.

Freundschaft beginnt meist mit gegenseitiger Sympathie. Daraus kann Vertrauen wachsen. Es gibt Freundschaften, die halten fast ein ganzes Leben lang. Manche Freundinnen und Freunde sind sich ähnlich, andere ergänzen sich, gerade weil sie verschieden sind.

Wenn eine Freundschaft zerbricht, weil man sich zerstreitet oder sich einfach nicht mehr versteht, ist das für beide Seiten ein großer Verlust. Oder man lebt sich leise auseinander, geht unterschiedliche Wege und das fühlt sich dann okay an. Die gemeinsame Zeit war schön, auch wenn sie vorbei ist.

Es gibt **beste Freundinnen** oder **beste Freunde**. Die Freundschaft ist dann besonders eng. Dazu braucht es Einfühlungsvermögen und auch eine gewisse Rücksichtnahme, damit man einander unterstützen und helfen kann.

Was nur **Freunde** gemeinsam können:

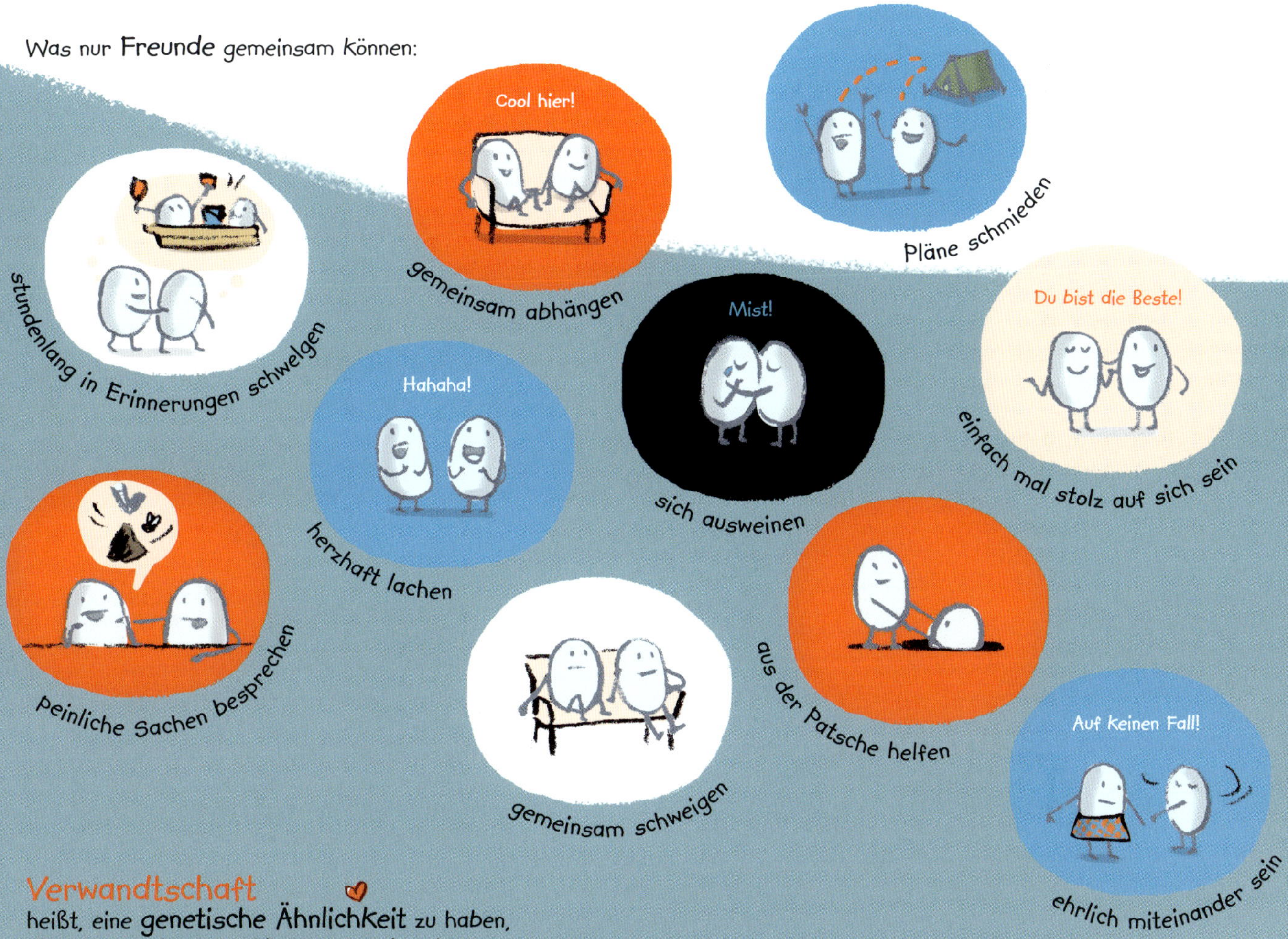

Verwandtschaft

heißt, eine **genetische Ähnlichkeit** zu haben, die auf gemeinsamer Abstammung beruht.

Eheleute sind nach dem Gesetz nicht miteinander verwandt. Man spricht dann von Angehörigen.

Verwandte und Angehörige bilden eine Familie. Es gibt kleine oder größere Familien und viele verschiedene Arten, zusammenzuleben. Manchmal leben Großeltern, Eltern und Kinder zusammen, manche Familien sind klein. Und auch Menschen, die nicht verwandt sind, können miteinander leben und sich als Familie fühlen.

Konflikte, Konkurrenz und auch Solidarität zwischen **Geschwistern** sind normal und wichtig – dadurch können Verhaltensweisen und Umgang miteinander geübt werden. Das heißt aber nicht, dass Menschen mit Geschwistern automatisch sozialer sind als Einzelkinder.

Auch Haustiere können ein wichtiger Teil der Familie sein.

Streiten gehört dazu ...

Wie behauptet man sich gegenüber Geschwistern? Geschwisterliche Beziehungen sind eine Mischung aus Zuneigung und Rivalität.
In Studien wurde beobachtet, dass Geschwister sich bis zu acht Mal in einer Stunde streiten. Auch Geschrei und körperliche Kämpfe können dazugehören.

... und Vertragen auch

Zum Streiten gehört die Versöhnung – das zu lernen ist auch sehr wichtig. Durch das Ausbalancieren von unterschiedlichen Gefühlen lernen Geschwister soziale Fähigkeiten und probieren sie aus. Geschwister haben eine enorme Bedeutung füreinander.

Gut geteilt

Teilen ist eine wichtige Fähigkeit, die sowohl durch angeborene Anlagen als auch durch Lernen erworben wird. Offenbar sind Menschen von Geburt an zur Kooperation bereit. Deshalb fühlt es sich auch am besten an, wenn man freiwillig teilt. Kinder, die sich wohl fühlen und gute Vorbilder haben, lernen bereits ab dem Vorschulalter gerne zu teilen. Sie zeigen so Bereitschaft, Verantwortung für sich und Fürsorge für andere zu übernehmen.

Poldi taucht nach einer Weile wieder auf und hört interessiert zu. „Wir könnten auch die Beere teilen, ganz freiwillig“, bietet er an.

„Ist denn noch was übrig?“, fragt Maya.

„Nicht so viel“, antwortet Poldi. Ihm ist gerade wieder eingefallen, dass er alles bereits verputzt hat. „Alte Gewohnheit“, entschuldigt er sich bei Maya. „Schon gut“, winkt sie ab.

Viele Freunde und Familien treffen sich an bestimmten Feiertagen ...

Ein **Ritual** ist eine nach vorgegebenen Regeln ablaufende Handlung. Bei Hochzeiten, Geburtstagen und religiösen Festen sind die Abläufe oft festgelegt und alle können sich darauf einstellen.

Auch kleine Rituale im Alltag bieten Orientierung und vermitteln Geborgenheit. Außerdem können sie den Tages- und den Jahresablauf strukturieren.

Etwa ab dem 12. bis 18. Monat beginnt ein Mensch sich als eigenes Wesen zu erfahren. Erlebt es nun eine zuverlässige Bindung, fühlt es sich auch als soziales Wesen.

„Du bist und bleibst als Hamster eben ein Einzelgänger, da kann das schon mal passieren", sagt Maya verständnisvoll. „Menschen dagegen sind Gemeinschaftswesen. Die Gemeinschaft gibt Menschen das Gefühl der Sicherheit. Sie möchten dazugehören. Das ist fest in uns verankert. Nahrung und Schutz! Wenn ein Mensch auf die Welt kommt, kann er allein nicht überleben. Wir Menschen wachsen in eine schützende Gemeinschaft hinein. Viel hängt nun davon ab, wie geborgen sich ein Kind fühlen kann", erklärt Maya.

Der Neurowissenschaftler Antonio Damásio (geb. 1944 in Lissabon) erweiterte die Erkenntnis von René Descartes zu: „Ich fühle, also bin ich." Er erkannte unter anderem, dass Gefühle und Verstand untrennbar miteinander verbunden sind.

„Ich habe dir ja schon von den Spiegelneuronen berichtet. Die sind für Menschen so wichtig, weil sie uns andere Menschen nachahmen lassen. Dabei reicht es, wenn über eine Handlung nur gesprochen wird. Die Spiegelneuronen an der bestimmten Stelle werden dann aktiv. Das erzeugt normalerweise ein Mitgefühl, das ständig in Aktion ist", sagt Maya. „Auch wenn wir diese Anlage zum Mitgefühl haben, müssen wir Erfahrungen machen, die dann Spuren im Gehirn hinterlassen. Nur durch ihren Gebrauch werden die Neuronen aktiviert", ergänzt sie. „Bei Vernachlässigung veröden die Fähigkeiten."

Poldi schaut betroffen. „Oh, wie schade!"

„Ja, sehr schade", findet Maya auch. „Viele Fähigkeiten können Menschen erst durch Augenkontakt, Berührungen oder die menschliche Sprache entwickeln."

Mitgefühl wird auch **Empathie** genannt. Es bedeutet, sich in den anderen ein Stück weit hineinzuversetzen.

Menschen haben komplizierte Sprachen entwickelt, um sich auszutauschen. Auch Mimik und Gestik spielen dabei eine große Rolle. Es gibt auf der Welt unzählbar viele Sprachen, manche Fachleute schätzen, es könnten zwischen 3.000 und 7.000 sein.

Menschen reden ständig und überall. Die Sprache verbindet sie und ermöglicht einen komplexen Austausch, zum Beispiel mit den Freundinnen und Freunden oder in der Familie.

Wie wichtig Sprache ist, wird schnell im Ausland deutlich, wenn wir die dortige Sprache nicht beherrschen und die Menschen nicht verstehen. Ohne Sprache könnten wir uns keine Geschichten erzählen oder Freude und Sorgen präzise ausdrücken und teilen. Ebenso könnten wir keine Vorträge halten.

„Es ist sehr lange her und es ist nicht genau bekannt, wann Sprache entstanden ist. Aber die Forschung sagt, dass zuvor einige wichtige Veränderungen im Gehirn stattgefunden haben müssen“, sagt Maya.

Kinder benutzen am Anfang die Geräusche, die Dinge machen, um sie zu benennen. Sie sind leichter auszusprechen. Viele Wörter sind wahrscheinlich auch aus den Geräuschen entstanden, die damit verbunden worden waren.

Geräusche zu hören und dann nachzusprechen, ist eine Form der Nachahmung. Die meisten Wörter lernen Kinder, indem sie die Sprache der Erwachsenen nachahmen.

„Menschen brauchen soziale Kontakte“, erzählt Maya weiter. „Jede Gruppe ist einzigartig, weil sich die Mitglieder gegenseitig beeinflussen. Das kann unterstützend sein, aber es kommt vor, dass durch die Gruppendynamik Meinungen oder Vorurteile verstärkt und Probleme verdrängt werden. Oder dass Einzelne zu einem Verhalten neigen, das sie sonst nicht zeigen würden.“

Die meisten Menschen wünschen sich, Teil einer Gemeinschaft zu sein. Sie streben nach Zugehörigkeit, Anerkennung, Wertschätzung und Zuwendung.

Manche Gruppen zielen darauf ab, sich für bestimmte Unternehmungen zusammenzutun. Zum Beispiel für eine Mitfahrgelegenheit mit demselben Ziel.

Poldi denkt nach und stellt sich vor, er würde inmitten einer Gruppe herumwimmelnder Hamster leben. Er verzieht dabei ein wenig das Schnäuzchen. „Das geht gar nicht! Dann müsste ich ja an meinem eigenen Laufrad anstehen, um ein paar Runden drehen zu dürfen, und alle Vorräte teilen. Das wäre nichts für mich“, sagt er. „Das bringt ja meinen ganzen Ernährungsplan durcheinander!“

Poldi ist froh, dass er bei Maya wohnt. Abgesehen von Bert macht ihm hier keiner sein Revier streitig.

„Du hast ganz recht. Auch in Gruppen kann es Probleme geben“, gibt Maya zu bedenken. „Nicht selten kommt es in Gruppen wie zum Beispiel innerhalb der Schulklasse oder auf dem Schulhof dazu, dass einzelne Schüler ausgegrenzt werden. Das nennt man **Mobbing**.“

Ein schwarzes Kapitel

Mobbing ist nicht einfach ein Konflikt zwischen verschiedenen Gruppen oder Personen. Beim Mobbing nutzen Einzelne ihre Überlegenheit aus, um andere gezielt unter Druck zu setzen. Oft suchen sie sich dafür Mitläufer, die sie bei der Ausgrenzung unterstützen. Mobbing kann körperliche und auch psychische Formen haben.

Kinder, die andere schikanieren wollen, finden immer einen Anlass. Mobberinnen und Mobber treten selbstsicher und aggressiv auf. Sie kennen kein Mitgefühl mit ihren Opfern.

„Warum verhalten sich manche Menschen so gemein? Warum kann ein Mensch, der fühlt, einem anderem fühlenden Wesen so fiese Dinge antun?", fragt Maya. Das kann Poldi auch nicht beantworten. Beide sehen etwas ratlos aus.

Dankbarkeit
Menschen, die Dankbarkeit für das, was sie haben, empfinden können, machen seltener beim Mobbing mit. Sie haben nicht das Gefühl, in ihrem Leben „zu kurz" zu kommen und das an anderen auslassen zu müssen.

Oft haben Mobber zu Hause Probleme, deshalb tun sie sich in der Schule mit Mitschülern zusammen, um andere zu ärgern. Das Mitgefühl für diese Person ist dann wie gelöscht. Die Mitläuferinnen und Mitläufer machen oft beim Mobbing mit, um nicht selbst Opfer zu werden oder weil sie in der Gruppe bleiben wollen. Sie fühlen sich dadurch stark.

Bei Verlust des **Mitgefühls** können Menschen sich sehr bösartig verhalten. Sie sehen das Gegenüber nicht mehr als Menschen.

Moral
Ist ein Verhalten von anderen Menschen oder Teilen der Gruppe akzeptiert, wird wird es als moralisch empfunden. Moral ist oft an die Meinung der Gruppe gebunden.

Ein Gerechtigkeitsempfinden haben Kinder in den ersten Lebensjahren, wenn sie selbst im Nachteil sind. Später wächst der Wunsch nach Fairness auch für andere mit der Entwicklung der Empathie.

Trost
Wenn man mitbekommt, dass jemand von Mobbing betroffen ist, ist es schon eine kleine Heldentat, diesen Menschen zu trösten und Hilfe zu organisieren.

„Wie wir uns verhalten, hat also viel damit zu tun, in welcher Gruppe wir uns bewegen. Menschen wollen von klein auf in der Regel einer oder mehreren Gruppen angehören, weil wir uns dann richtig gut in der Welt angekommen fühlen."

Das kann auch Poldi verstehen. Aber er versteht nicht, wieso niemand denen hilft, die mies behandelt werden. „Weil wenige so viel Mut aufbringen, sich dagegenzustellen, oder weil viele es nicht können", meint Maya. „Aber wenn sich jemand überwindet und einschreitet, dann können Menschen auch zu Helden werden."

„Was genau ist ein Held?", fragt Poldi. „Können das auch Tiere sein?"

„Eine Heldin oder ein Held oder ein Heldentier ist jemand, der etwas Besonderes tut. Er zeigt großen Mut und riskiert vielleicht auch etwas. Und wenn die Mission klappt, kann so jemand ins Superheldentum aufsteigen und in die Geschichte eingehen", erklärt Maya.

„Zu den wichtigsten Dingen im Leben gehört zwischenmenschliche Wertschätzung.“ Maya überlegt: „Oder zwischenmenschlich-hamsterliche Wertschätzung …“, sagt sie dann. „Sowie Zuwendung und Anerkennung zu finden und auch zu geben.“ Poldi stimmt mit einem kurzen, müden Seufzer zu.

„Das ist eine der größten Antriebsfedern, um einen Platz auf dieser Welt zu haben. Und das erreicht man nicht, indem man andere verdrängt oder ständig um diesen Platz kämpfen muss.“ Maya ist sich sicher, dass das nicht sein muss.

Viele Menschen wollen am Leben **gemeinsam** mit anderen teilnehmen, über die Schule oder die berufliche Tätigkeit hinaus. Zum Beispiel in Sportteams, Chören, Vereinen, Selbsthilfegruppen, als Aktivisten oder in Parteien.

Jeder Mensch, also jedes Gehirn, verarbeitet Wahrnehmungen anders. Fast immer gilt: Verbringen wir eine gute Zeit mit uns wohlgesinnten Menschen, ist das eine Bereicherung. Wir kommen auf neue Ideen und spüren eine Verbundenheit mit der Welt. Andere Menschen haben einen großen Anteil an dem, was wir sind.

Poldi ist kurz eingeschlafen. Mayas Stimme hat ihn zu einem kleinen Nickerchen verleitet. Oder die frisch aufgeknabberten Sonnenblumenkerne fordern ein wenig Ruhe. „Na dann, schlaf schön!“, flüstert Maya ihrem kleinen Mitbewohner ins Ohr.

Poldis HamsterRAT:

Glossar der geliebten Wörter

Poldi hat mittlerweile eine Menge Lieblingswörter gehamstert. Er ist sehr glücklich damit und hat sie tief in seinem Hamsterställchen versteckt. Hier sind noch mal alle versammelt, die im Text ein Herzchen bekommen haben, aber noch nicht erklärt worden sind.

Accumbenskern
(nucleus accumbens)
Bindeglied zwischen den Basalganglien und dem limbischen System. Spielt eine zentrale Rolle im Belohnungssystem.

Adrenalin
Hormon, also Botenstoff, das bei Stress im Blut ausgeschüttet wird, um eine Leistungssteigerung zu erreichen.

Algorithmus
Genau festgelegter Ablauf von Einzelschritten, die gemacht werden müssen, um an ein bestimmtes Ziel zu kommen. Vor allem bei der Programmierung von Computern wichtig.

Amygdala
(Mandelkern)
Paarige Hirnstruktur des limbischen Systems, die zuständig ist für die Entstehung und Verarbeitung von Gefühlen (z. B. Angst, Wut) und die Steuerung des Fluchtverhaltens – also für wichtige Reaktionen zum Überleben

Autonomie
Selbstständigkeit oder Unabhängigkeit, d. h. die Möglichkeit von Gruppen oder Personen, ihre Beziehungen und Rechte selbst zu regeln

Default-Mode-Netzwerk
Gruppe verschiedener Gehirnregionen, die beim Nichtstun aktiv sind

Dendrit
Baumartig verzweigter Teil der Nervenzelle, der wie eine Antenne elektrische Impulse angrenzender Zellen aufnimmt

Dopamin
Hormon, also Botenstoff, das in einigen Nervenzellen vorkommt und erregend wirkt. Kann Vorfreude auslösen oder auch langfristig antreiben, es hat damit Einfluss auf Entscheidungen.

Elektrolyte
(altgriechisch: *elektron* = Bernstein)
Stoffe bzw. Mineralien, die in einer Lösung elektrischen Strom leiten können. Der Körper braucht sie, kann sie aber nicht herstellen, sondern muss sie über die Nahrung aufnehmen. Natrium, Magnesium, Kalium und Kalzium gehören dazu. Winzig kleine Mengen an Mineralien (z. B. Eisen), die der Körper braucht, heißen Spurenelemente.

Empathie
(altgriechisch: *empátheia* = Leidenschaft)
Einfühlungsvermögen in das Erleben anderer Lebewesen

Evolution
(lateinisch: *evolvere* = entwickeln)
Nie endende Veränderungen in den vererbbaren Merkmalen von Lebewesen über einen sehr langen Zeitraum

Genetik, genetisch
(auf die Gene bezogen)

Genetik beschäftigt sich mit der Ausbildung und Weitergabe vererbbarer Merkmale. Ein Gen ist ein winziger Teil des Bauplans für die verschiedenen Zellen eines Lebewesens.

Gestik

Bewegungen des Körpers, besonders der Arme und Hände, um etwas auszudrücken und damit die Sprache zu unterstützen

Gyrus fusiformis
(altgriechisch: gyrus = Windung)

Teil des Großhirns, unter anderem zuständig für das Erkennen von Gesichtern und speziellen Formen

Halluzinationen

Empfindungen (Sehen, Hören oder Fühlen, Riechen oder Schmecken), die nicht real existieren, sich aber real anfühlen

Hippocampus
(altgriechisch: hippos = Pferd)

Paarige Hirnstruktur des limbischen Systems, beteiligt an Erinnerungsbildung und Lernprozessen

Hormone

Botenstoffe, die von spezialisierten Drüsen gebildet werden. Über die Blutbahn verteilt, unterstützen sie alle Zellen bei der Kommunikation etwa zur Energiebereitstellung, Stimmungsregulation oder zum Wachstum.

Identität
(lateinsch: identitas = Wesenseinheit)

Selbst erlebte, innere Einheit einer Person; Gefühl der Zugehörigkeit

Liquor
(Liquor cerebrospinalis = Hirnwasser)

Klare, farblose Flüssigkeit, die Gehirn und Rückenmark umspült

Lymphsystem

Zuständig für den Abtransport von Zellabfällen im Körper. Im zentralen Nervensystem übernimmt das sogenannte glymphatische System diese Reinigung.

Melatonin

Schlafhormon, reguliert den Schlaf-Wach-Rhythmus, wird in einer kleinen Drüse im Gehirn (der Zirbeldrüse) gebildet

Mimik

Gesichtsausdruck, um Aussagen besonders zu unterstreichen, auch nonverbale Sprache genannt

Mobbing
(englisch: to mob someone = jemanden anpöbeln oder über jemanden herfallen)

Ständige Kritik und Demütigung einer Person über einen längeren Zeitraum

Moral
(lateinisch: moralis = die Sitten betreffend)

Regeln oder Werte, die in einer Gruppe oder Gesellschaft anerkannt sind.
Sie sind wichtig für einen guten Umgang miteinander.

Myelin
(altgriechisch: myelos = Mark)

Besonders fett- und eiweißhaltige Hülle, die Nervenfasern (Axone) in Schichten umschließt, auch Myelinschicht oder Myelinscheide genannt. Mitverantwortlich für die Farbe der weißen Substanz im Gehirn.

Mythologie
(lateinisch: mythos = Laut, Wort, Rede, Erzählung einer Begebenheit)
Auch Sage oder Legende: eine Geschichte, die Heldentaten unterhaltsam und spannend überliefert

Neuron
(altgriechisch: neuron = Nerv, Sehne)
Auf Erregungsleitung und damit die Übertragung von Reizen spezialisierte Zelle. Teil des Nervensystems, das so gut wie alle Vorgänge im Körper steuert.

Neuroplastizität
(formbare Nervenverbindungen)
Umbau von Nervenstrukturen, abhängig davon, wie aktiv die Verbindungen zwischen ihnen sind

Oxytocin
Hormon, auch Kuschelhormon genannt, trägt zur Bindung in zwischenmenschlichen Beziehungen bei. Es wird z. B. bei sanften Berührungen ausgeschüttet und erzeugt ein Gefühl von Geborgenheit, Liebe und Vertrauen.

REM-Schlaf
Schlafphase, die durch schnelle Augenbewegung (**R**apid **E**ye **M**ovement) gekennzeichnet ist. Das Gehirn ist in dieser Phase sehr aktiv und die Träume sind intensiv.

Ritual
Im Ablauf festgelegte Handlung, z. B. Zeremonie oder Brauch, etwa bei Hochzeiten oder religiösen Festen

Serotonin
Hormon, das bei der Regulierung von Schmerzempfinden, Gedächtnis, Schlaf und Essverhalten mitwirkt. Bei längerem oder starkem Mangel kann es z. B. zu Traurigkeit, Antriebslosigkeit oder Ängsten kommen.

Somnambulismus
(lateinisch: somnus = Schlaf; ambulare = spazieren gehen)
Schlafwandeln. Spezieller Bewusstseinszustand beim Schlafen, in dem Menschen herumlaufen. Nach dem Erwachen erinnern sie sich meist nicht daran.

Stammzellen/Vorläuferzellen
Zellen, die sich in verschiedene neue Zelltypen teilen und dann bestimmte Eigenschaften ausbilden können, z. B. um bestehende Zellen wie die Nervenzellen zu reparieren

Sympathie
Spontan empfundene Zuneigung

Synapsen
Kontaktstellen für die Übertragung oder Hemmung von elektrischen und chemischen Signalen zwischen Nervenzellen oder zwischen Nervenzellen und Zielzellen (z. B. Muskelzellen) zur Weitergabe von Informationen

Vitamine
Wichtige chemische Stoffe, die der Körper größtenteils nicht oder nicht in ausreichender Menge herstellen kann. Sie müssen über die Nahrung aufgenommen werden.

Das Gehirn

Das Gehirn besteht aus verschiedenen Teilen, die alle miteinander zu einer großen Einheit verbunden sind und ständig über Nervenbahnen Informationen austauschen. Daraus entsteht Wahrnehmung.

Das Großhirn wird von der Großhirnrinde umfasst. Sie ist nur zwischen 1,5 und 4,5 mm dick. Unterteilt wird das Großhirn in mehrere Lappen, die aus vielen gefalteten Schichten bestehen. Von manchen Regionen wissen wir, dass bestimmte Fähigkeiten oder Wahrnehmungen dort verortet sind. Meist arbeiten mehrere Bereiche im Gehirn zusammen.

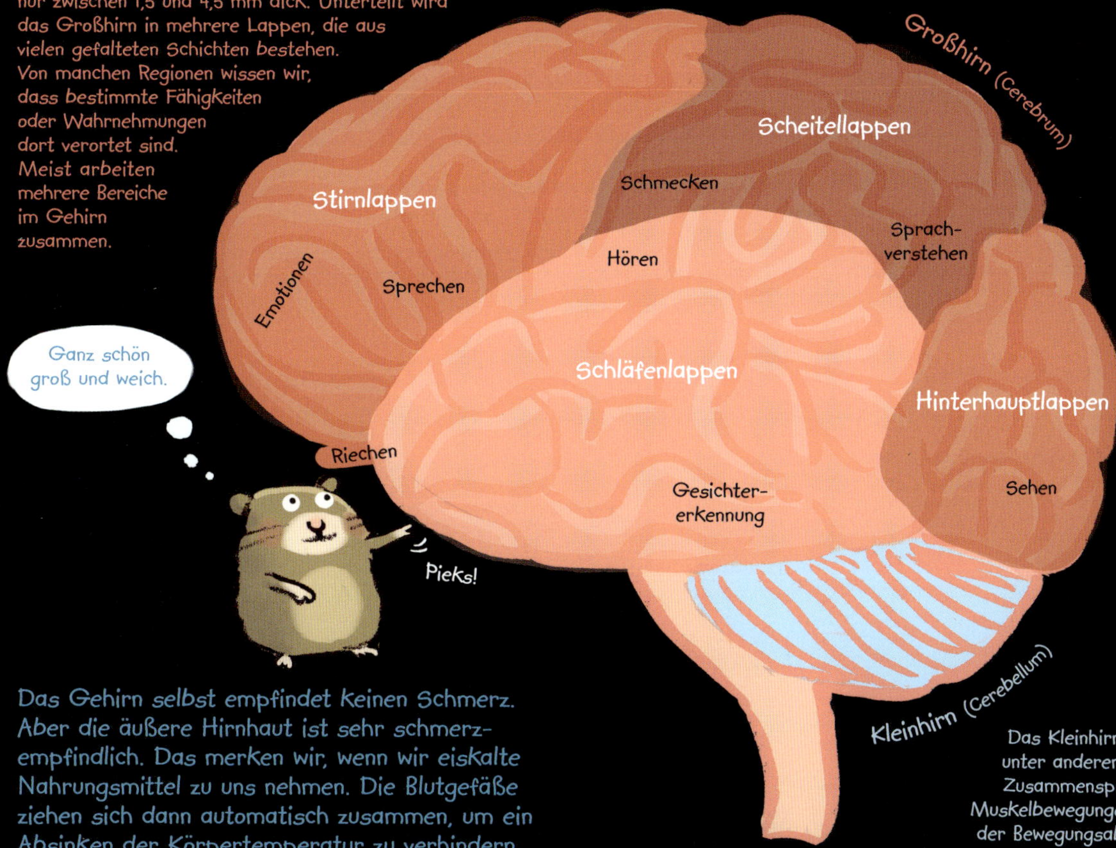

Das Gehirn selbst empfindet keinen Schmerz. Aber die äußere Hirnhaut ist sehr schmerzempfindlich. Das merken wir, wenn wir eiskalte Nahrungsmittel zu uns nehmen. Die Blutgefäße ziehen sich dann automatisch zusammen, um ein Absinken der Körpertemperatur zu verhindern. Es fühlt sich an, als fröre das Gehirn kurz ein. **Gehirnfrost!**

Das Kleinhirn dient unter anderem dem Zusammenspiel der Muskelbewegungen und der Bewegungsabläufe.

Hirnstamm mit verlängertem Mark, das ins Rückenmark übergeht

Gehirn und Rückenmark bilden das zentrale Nervensystem.

Das periphere Nervensystem ist der Teil des Nervensystems, der Informationen aus dem zentralen Nervensystem in den Rest des Körpers überträgt. Das sind entweder unbewusste Vorgänge wie Atmung, Verdauung und Herzschlag oder bewusste Vorgänge, etwa Bewegungen.

Das Gehirn ist in zwei Gehirnhälften geteilt – auch **Hemisphären** genannt. Beide arbeiten zusammen und sind in ständigem Kontakt. In der Mitte sind sie durch einen Balken verbunden.

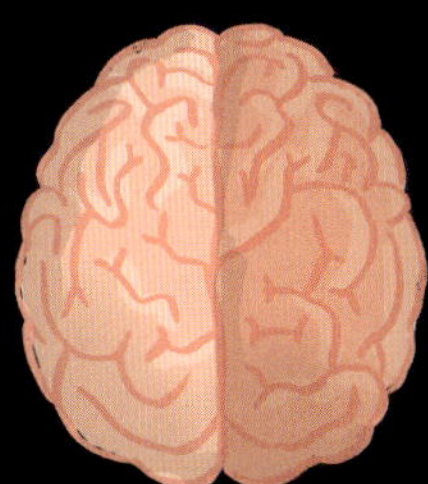

Gehirn von oben

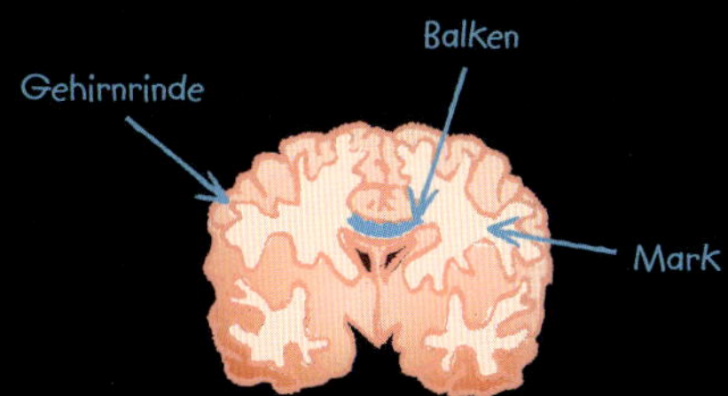

Querschnitt des Gehirns mit Balken